지금은
지구 생태계
수업 시간입니다

풀과바람 지식나무 49
지금은 지구 생태계 수업 시간입니다
MON DOC DESSINÉ – LA VIE SUR TERRE

1판 1쇄 | 2022년 4월 20일
1판 3쇄 | 2024년 3월 29일

글 | 스테파니 르뒤, 스테판 프라티니
그림 | 알렉스 랑글루아, 마티유 로다
옮김 | 조선혜

펴낸이 | 박현진
펴낸곳 | (주)풀과바람
주소 | 경기도 파주시 회동길 329
  (서패동, 파주출판도시)
전화 | (031) 955-9655~6
팩스 | (031) 955-9657
출판등록 | 2000년 4월 24일 제20-328호
블로그 | blog.naver.com/grassandwind
이메일 | grassandwind@hanmail.net

편집 | 이영란
디자인 | 박기준
마케팅 | 이승민

MON DOC DESSINÉ - LA VIE SUR TERRE
by Stéphanie Ledu, Stéphane Frattini (Authors),
and Matthieu Roda, Alex Langlois (Illustrators)
Copyright ⓒ Larousse 2021 All rights reserved.
Korean translation rights ⓒ GRASSANDWIND
PUBLISHING 2022
Korean translation rights are arranged with
EDITIONS LAROUSSE through AMO Agency Korea.

이 책의 한국어판 저작권은 AMO에이전시를 통해
저작권자와 독점 계약한 풀과바람에 있습니다.
저작권법에 의해 한국 내에서 보호를 받는 저작물이므로
무단 전재와 무단 복제를 금합니다.

값 12,000원
ISBN 978-89-8389-056-6 73400

※ 잘못 만들어진 책은 구입처에서 바꾸어 드립니다.

제품명 지금은 지구 생태계 수업 시간입니다 **제조자명** (주)풀과바람 **제조국명** 대한민국
전화번호 031)955-9655~6 **주소** 경기도 파주시 회동길 329
제조년월 2024년 3월 29일 **사용 연령** 8세 이상
KC마크는 이 제품이 공통안전기준에 적합하였음을 의미합니다.

⚠ 주의
어린이가 책 모서리에
다치지 않게 주의하세요.

지금은 지구 생태계 수업 시간입니다

700개가 넘는 만화 컷

스테파니 르뒤, 스테판 프라티니 · 글
알렉스 랑글루아, 마티유 로다 · 그림
조선혜 · 옮김

풀과바람

차례

지구

1 • 지구 내부는 어떻게 생겼을까요? ... 4
2 • 대륙은 움직일까요? ... 6
3 • 화산은 압력솥과 원리가 비슷한가요? ... 8
4 • 산은 어떻게 생겼을까요? ... 10
5 • 암석은 무엇으로 이루어져 있나요? ... 12
6 • 화석은 어떻게 만들어졌을까요? ... 14
7 • 모래알은 어떻게 만들어지나요? ... 16
8 • 땅의 흙은 무엇으로 이루어져 있나요? ... 18
9 • 바다가 넘치지 않는 까닭은 무엇일까요? ... 20
10 • 해수면이 높아지고 낮아지는 이유는 무엇일까요? ... 22
11 • 지구에는 왜 공기가 있을까요? ... 24
12 • 구름은 가벼울까요? 무거울까요? ... 26
13 • 열대성 저기압은 어떻게 생길까요? ... 28
14 • 별똥별은 무엇일까요? ... 30
15 • 별의 개수를 셀 수 있나요? ... 32

식물의 비밀

1 • 우리는 몇 종의 식물을 알고 있을까요? ... 34
2 • 식물은 왜 녹색일까요? ... 36
3 • 가을에 낙엽이 지는 이유는 무엇일까요? ... 38
4 • 잡초란 무엇인가요? ... 40
5 • 장미는 왜 가시가 있을까요? ... 42
6 • 꽃은 왜 향기가 날까요? ... 44
7 • 어떤 식물이 가장 빨리 자랄까요? ... 46
8 • 식충 식물이란 무엇인가요? ... 48
9 • 나무는 왜 목재로 되어 있을까요? ... 50
10 • 씨앗에는 무엇이 들어 있을까요? ... 52
11 • 식물은 물 없이도 살 수 있을까요? ... 54
12 • 버섯은 어디에서 나오나요? ... 56
13 • 뿌리는 거꾸로 된 식물일까요? ... 58
14 • 위험한 식물이 있나요? ... 60
15 • 가장 많이 소비되는 식물은 무엇일까요? ... 62

동물의 세계

1 • 최초의 동물은 무엇일까요? 64
2 • 공룡은 전부 사라졌나요? 66
3 • 다양한 개가 있는 까닭은 무엇일까요? 68
4 • 모기는 왜 피를 빨까요? 70
5 • 돼지는 더러운 동물일까요? 72
6 • 얼룩말은 왜 줄무늬가 있을까요? 74
7 • 도마뱀이 꼬리를 자르는 까닭은 무엇일까요? 76
8 • 대벌레가 나뭇가지를 닮은 이유는 무엇일까요? 78
9 • 나무늘보는 왜 느릴까요? 80
10 • 철새는 어떻게 길을 찾을까요? 82
11 • 고래가 노래를 부른다고요? 84
12 • 도시에도 야생 동물이 있나요? 86
13 • 이웃집 고양이가 우리 집 마당에 오줌을 싸는 까닭은 무엇일까요? ... 88
14 • 아프리카코끼리는 왜 큰 귀를 가지고 있을까요? 90
15 • 침입 외래종은 무엇일까요? 92

지구의 인간

1 • 인간은 동물인가요? 94
2 • 인간은 한 종류만 존재하나요? 96
3 • 인간이 동물만큼 털이 없는 까닭은 무엇일까요? 98
4 • 어떻게 다른 언어들이 생겨났을까요? 100
5 • 아직 알려지지 않은 민족이 있을까요? 102
6 • 가장 장수한 사람은 누구일까요? 104
7 • 초능력은 존재할까요? 106
8 • 지구의 어디에나 사람이 사나요? 108
9 • 많은 사람이 도시에 사는 까닭은 무엇일까요? 110
10 • 세계에서 가장 큰 건축물은 무엇일까요? 112
11 • 우리는 모든 생물을 알고 있을까요? 114
12 • 멸종된 종을 되살릴 수 있을까요? 116
13 • 사람은 언제부터 이동했을까요? 118
14 • 생태학이란 무엇인가요? 120
15 • 미래에는 다른 행성에서 살게 될까요? 122

퀴즈 정답 124
단어 풀이 126

지구

지구 내부는 어떻게 생겼을까요?

고대인들은 지구가 흙으로 이루어진 공이라고 생각했어요. 동굴에서 불어오는 바람이 지진과 화산을 일으킨다고 믿었죠.

지구 내부는 물, 공기, 흙으로 이루어진 여러 층으로 되어 있지 않을까요?

지구는 풍선처럼 얇은 땅껍질이 바깥을 둘러싸고 속은 비어 있지 않을까요?

지구를 파헤쳐 보는 방법이 있지만, 지구 내부는 깊어질수록 온도가 높아져요. 지하 4km, 가장 깊은 금광은 온도가 무려 66도!

인간은 12km 정도까지 땅속을 파헤쳤지만, 온도가 180도나 되어 더 깊이 팔 수 없었어요.

지구 중심까지의 거리는 6371km로, 530배 더 깊이 들어가야 해요. 땅을 더 팔 수 없다면 어떻게 해야 할까요?
다행히 20세기에는 새로운 장비로 지진파를 이용해 지구 내부 구조를 알아냈어요.

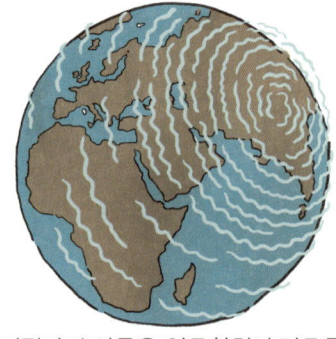

지진파의 이동을 연구하면서 지구를 구성하는 암석의 성질을 알아낼 수 있었죠.

지구 내부는 비어 있지 않아요. 여러 층으로 이뤄졌어요!
쥘 베른이 소설 《지구 속 여행》에서 상상했던 숨겨진 지하 세계는 존재하지 않아요.

지구는 복숭아에 비유할 수 있어요. 지구 바깥쪽 땅껍질 지각에는 생명체가 살고 있어요. 그 아래에는 무르고 뜨거운 '속살'이 있고, 중심에는 단단한 금속으로 이루어진 핵이 있답니다.

내핵은 온도가 5500도에 달하며 단단한 씨와 같아요.

외핵은 액체 상태로 존재하며 4000도에서 융해된 철로 이루어져 있어요.

하부맨틀은 깊이가 깊어질수록 점점 더 뜨거워지며 점성도 높아져요.

2432km
2300km
2205km
650km

상부맨틀은 단단해 보이지만, 실제로는 서서히 움직여요.

해양 지각은 바다 아래에 있으며 두께가 5~8km밖에 안 돼요.

대륙 지각은 산 아래에 있으며 두께가 30~100km예요.

지구 내부로 들어갈수록 어떨까요?

퀴즈

A. 더 추워요.
B. 더 더워요.
C. 더 깜깜해요.

지구

대륙은 움직일까요?

대륙은 아프리카나 아메리카처럼 거대한 면적을 가진 큰 땅덩어리를 말해요. 믿기지 않겠지만, 대륙은 1년에 몇 센티미터씩 이동하고 있어요!

16세기 위대한 탐험의 시대에 항해사들이 최초의 세계 지도를 그리면서 모든 게 시작됐어요.

몇몇 사람들은 얼마 지나지 않아 아프리카 대륙과 남아메리카 대륙이 퍼즐 조각처럼 맞물린다는 것을 알아차렸어요.

과학자들은 대륙이 움직인다는 가설을 제시했어요. 하지만 사람들은 "말도 안 되는 소리!"라며 비웃었고, 가설은 잊혔어요.

1912년, 알프레트 베게너가 대륙 이동의 놀랄 만한 증거를 내놓았어요. 대서양 양쪽 대륙에서 같은 화석이 발견되었거든요.

먼저, 베게너는 2억 년 전 지구는 하나의 초대륙 '판게아'와 대륙을 둘러싼 초대양 '판탈라사'만 있었다고 추측했어요.

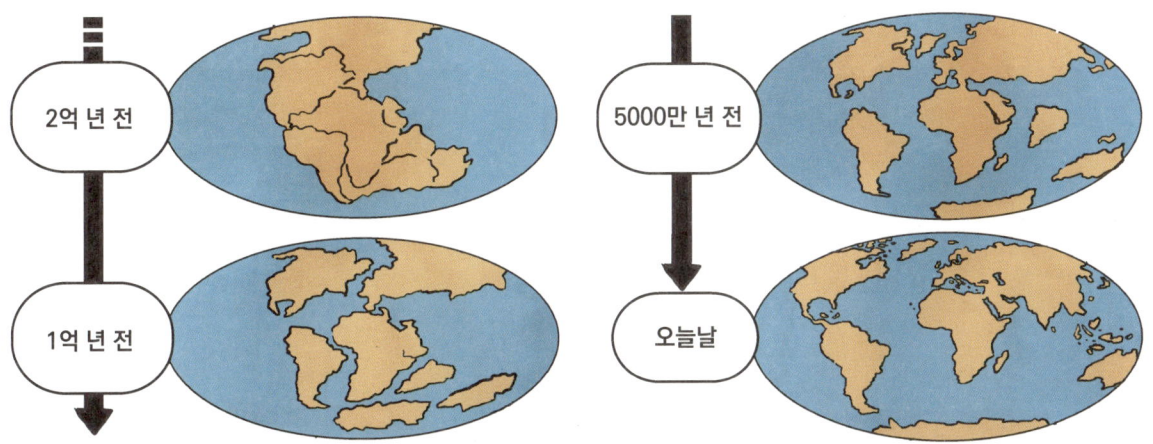

오늘날 우리는 지구의 역사를 더욱 잘 알게 됐어요. 지구가 어떻게 조금씩 변해 왔는지 살펴봐요.

지구 겉 부분은 지각과 맨틀 윗부분으로 이루어진 여러 개의 판으로 나누어져 있으며, 이들의 움직임에 따라 여러 지질 현상이 일어난다고 여기는 학설이 '판 구조론'이에요.
태평양 판은 판 중에서 가장 크고 빨라요. 매년 10cm씩 움직여요.

우리는 미래를 예측할 수 있어요. 5000만 년 뒤에는 지중해가 사라질 거예요. 아프리카가 유럽과 만나기 때문이죠.

그리고 2억 5000만 년 뒤에는 판게아 프록시마라는 이름의 새로운 초대륙이 형성될 거예요!

퀴즈

지각은 무엇으로 나누어질까요?

A. 크기가 다른 판
B. 크기가 모두 같은 판
C. 존재하는 나라 수만큼 많은 판

지구

화산은 압력솥과 원리가 비슷한가요?

압력솥은 물이 끓어서 수증기로 변하는 원리를 이용해요. 프쉬, 압력이 점점 높아져요! 밸브는 수증기를 내보내 폭발을 막아요.

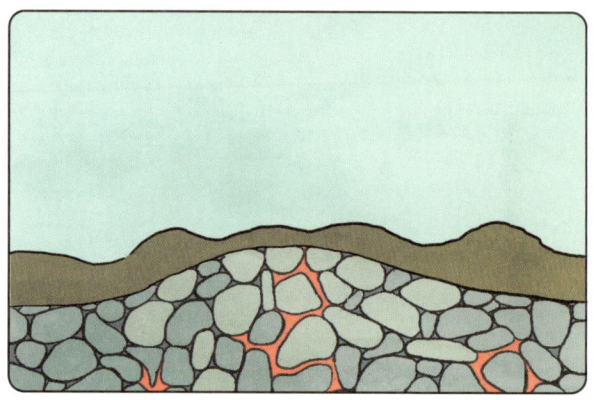

지구의 맨틀에는 마그마, 즉 지구 표면으로 밀려나는 뜨거운 액체 암석이 있어요.

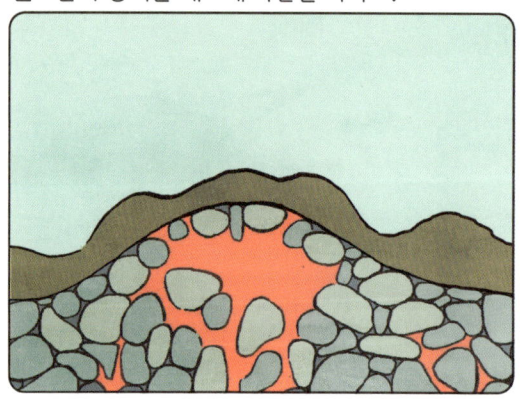

땅속도 압력이 높아져요! 지각 아래 마그마와 가스가 점점 모여 쌓여가지요.

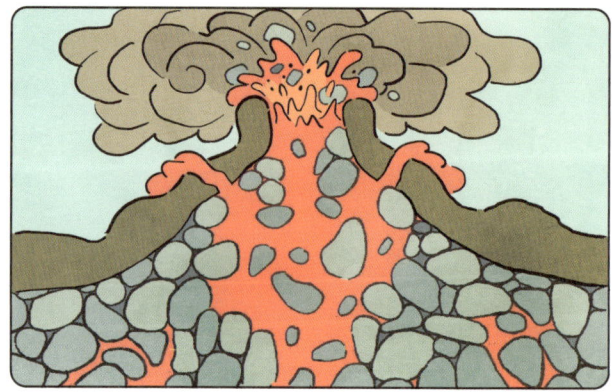

다만 땅에는 밸브가 없다는 게 달라요. 마그마가 미는 힘이 너무 강하거나 지진이 발생하면 화산 활동이 일어나요!

지구 표면에는 1432개 활화산이 있으며 종종 긴 띠 모양을 이루고 있어요.

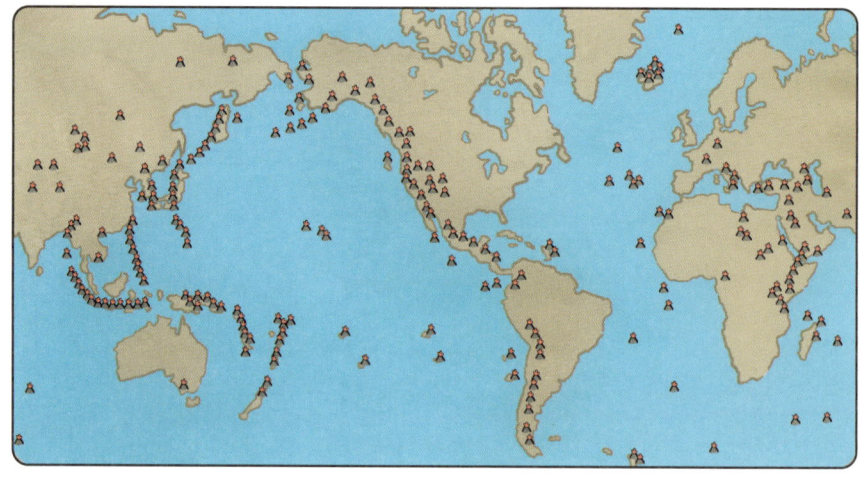

바닷속에는 수만 개의 화산이 있어요! 하지만 해저 화산은 물과 닿아 있어 마그마가 즉시 냉각되기 때문에 눈에 띄지 않아요.

지구에서 가장 위험하지 않은 화산은 분출형 화산이에요. 용암이 옆으로 줄줄 흘러내려요.

폭발형 화산은 위험해요. 땅속 압력이 올라가면 두꺼운 마그마가 터져 나오며 몇 시간 만에 도시 하나가 화산재 더미에 파묻힐 수 있어요. 79년, 이탈리아 고대 도시 폼페이처럼요.

화산학자들은 지층에서 민감한 곳을 감시해요. 하지만 화산 폭발 시기를 예측하기는 어려워요.

유럽에서 프랑스는 중남부 고원 지대의 가장 많은 화산을 가지고 있어요. 3500년 전 마지막 분화가 있었고, 언젠가 화산이 또 폭발할 수 있어요.

퀴즈

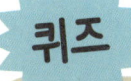

화산은 무엇을 뿜어내나요?

A. 용암
B. 개구리
C. 화산재

지구

산은 어떻게 생겼을까요?

믿을 수 없어요! 5000만 년 전 아시아에는 세계에서 가장 높은 봉우리가 모여 있는 히말라야산맥 대신 바다만 있었어요.

오늘날 히말라야산맥은 지진이 가장 자주 발생하는 지역 중 한 곳이에요. 이것과 산이 형성된 것이 관련 있을까요?

당연하죠! 히말라야산맥은 두 대륙판이 충돌하면서 만들어졌거든요. 인도 판이 북쪽으로 이동하면서 유럽과 아시아를 포함하는 유라시아 판과 부딪쳐 형성되었어요.

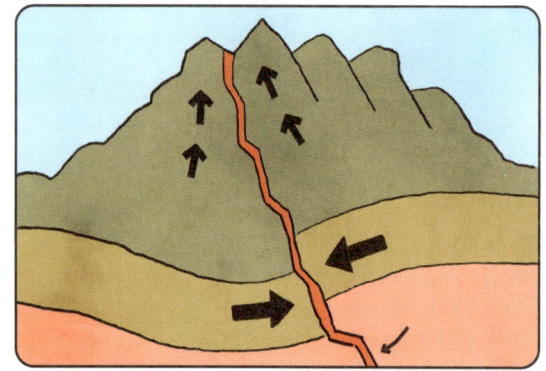

두 판이 매우 두꺼웠으므로 충격이 엄청났어요. 그 결과 지층이 휘어지면서 지표 위로 솟아올랐어요.

인도 판은 해마다 6cm씩 북쪽으로 이동해요. 높이 8848m로 세계에서 가장 높은 산인 에베레스트산도 매년 약 4mm씩 높아지고 있어요.

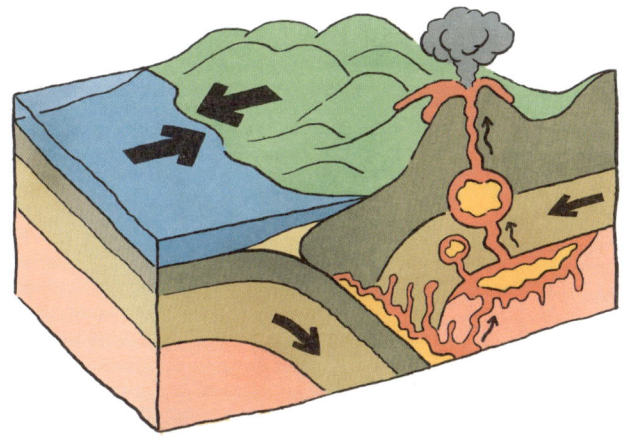

때때로 훨씬 얇은 해양판이 대륙판 밑으로 미끄러져 들어가요. 충격은 훨씬 작지만, 충돌로 압력이 높아지면서 깊은 곳의 마그마를 끌어올려요.

분출이 연이어 반복되면서 거대한 산맥이 생기지요. 남아메리카의 안데스산맥은 이런 원리로 생겨났어요.

바닷속에서도 화산 활동으로 산맥이 생겨나요. 대륙에서보다 훨씬 더 많죠. 총 길이가 64000km나 돼요! 바닷물을 비울 수 있다면, 우리는 폭이 넓지만 그다지 높지 않은 산맥을 직접 볼 수 있을 거예요.

지구에는 해발 9km가 넘는 산이 없어요. 산이 더 높으면 무게 때문에 가라앉을 거예요. 하지만 화성에 있는 올림푸스산의 높이는 22km가 넘어요.

퀴즈

지구에서 가장 높은 산맥은 어디에 있나요?

A. 유럽
B. 아시아
C. 아프리카

지구

암석은 무엇으로 이루어져 있나요?

지구의 지각은 여러 종류의 암석층으로 이루어져 있어요.

암석은 금속과 같은 광물의 일종으로 순수할 수 있어요. 순금처럼요!

그러나 암석 대부분은 여러 광물이 섞여 있어요. 지각을 구성하는 암석 중 가장 비중이 높은 화강암은 세 가지 주요 광물로 이루어졌어요.

이 광물들은 지하 깊은 곳에서 함께 구워지고 냉각되어 대륙과 산을 형성해요.

현무암과 같은 화산암은 지표로 분출된 마그마가 식어서 굳어진 거예요. 이때 섬이 생기거나 섬의 크기가 커진답니다.

백악 절벽과 같은 퇴적암은 여러 종류의 퇴적물이 오랫동안 쌓이고 굳어져 만들어진 암석이에요.

현미경으로 백악을 관찰하면 깜짝 놀라요. 백악은 수백만 년 전에 살았던 작은 단세포 생물이나 조개류의 잔해들로 이루어졌거든요.

마지막으로 변성암은 열과 압력에 의해 변형된 암석이에요. 단단한 대리석도 한때는 매우 부드러운 석회암이었어요.

매우 미세한 입자와 오묘한 색깔을 가진 대리석은 6000년 이상 예술가들이 즐겨 사용한 재료랍니다.

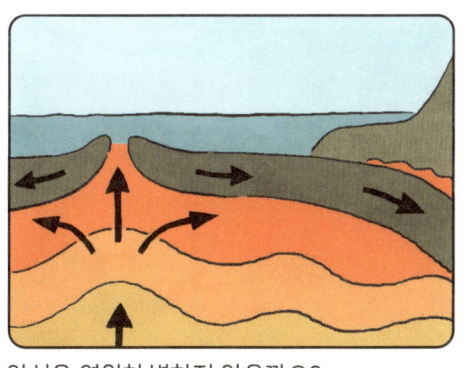

암석은 영원히 변하지 않을까요? 그렇지 않아요. 암석들은 언젠가 땅속으로 돌아가 다시 마그마가 되어 새로운 모습으로 지면에 올라오거든요.

맞아요. 지구 자체도 재활용할 수 있어요!

퀴즈

암석이 아닌 것은 무엇일까요?

A. 백악
B. 누가
C. 대리석

지구

화석은 어떻게 만들어졌을까요?

공룡 화석을 예로 들어 볼게요. 1억 3000만 년 전 어느 날, 이구아노돈 한 마리가 물에 빠져 죽었어요.

이구아노돈의 몸은 강바닥에 쌓인 매우 미세한 암석 입자인 퇴적물 속에 파묻혀요.

시간이 지나면 퇴적물이 침전되어 암석으로 변해요.

공룡의 살은 전부 썩어 분해되고, 단단한 뼈 위로는 퇴적물이 쌓여요. 그럼 뼈를 부식시키는 산소로부터 보호받을 수 있어요.

뼈도 돌로 변해 화석이 되지요.

화석이란 지질 시대 생물체의 활동 흔적이나 유해를 말해요. 지름 2m의 이 암모나이트를 비롯해 여러 종류가 있어요.

뼈와 조개껍데기, 나무 밑동이나 상어 뼈 등 가장 단단한 부분들이 많은 화석으로 남아 있어요.

아주 드물지만 일부 섬세한 조직들이 정교하게 보존된 화석들도 있어요. 나뭇잎, 깃털 달린 새, 그리고 부드러운 몸체의 문어 화석 등이 있지요.

이 곤충은 침엽수의 송진이 굳으면서 만들어진 광물, 즉 호박에 갇혀 화석으로 발견됐어요. 화석은 타르, 얼음에서도 발견돼요.

고생물학자들은 강의 옛 바닥을 조사해서 이구아노돈 화석을 찾아냈어요.

땅에 묻혀 있는 걸 파내면, 수지로 뼈를 단단하게 굳히고 석고를 바른 뒤 실험실로 가져가요. 오! 발자국 흔적도 화석으로 남아 있어요.

몇 달 뒤, 이구아노돈 화석은 복원되어 새로운 삶을 시작해요. 이구아노돈과 함께 사진을 찍고 싶나요?

퀴즈

무엇 속에 보존된 곤충 화석을 가장 많이 발견하나요?

A. 호박
B. 밀랍
C. 꿀

지구

모래알은 어떻게 만들어지나요?

모래 한 줌을 조사해 봐요. 놀랍게도 모래는 다양한 요소들로 구성되어 있어요. 석영, 암석, 조개껍데기 등 여러 광물의 부서진 파편들로 이루어져요.

모래는 침식 현상에 의해 생겨나요. 이해를 돕기 위해 모래성을 쌓아볼까요.

얼마 지나지 않아 모래성은 여기저기 무너져 내려요.

암석도 이 무너지는 흙더미처럼 닳거나 깎여요. 침식으로 인해 결국 모래로 변하죠. 무엇이 모래를 만들까요?

첫 번째, 물이 있어요. 미국의 그랜드 캐니언처럼 수백만 년 동안 강은 산 사이를 흐르면서 강바닥을 깊게 파요.

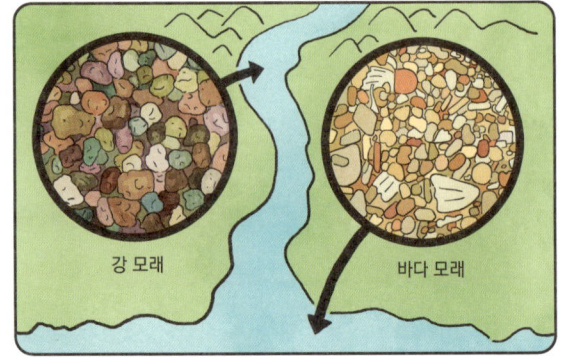

물에 의해 마모된 암석 파편들은 점점 더 고와지고, 모양은 불규칙하면서 표면은 반짝이는 모래 알갱이가 되지요.

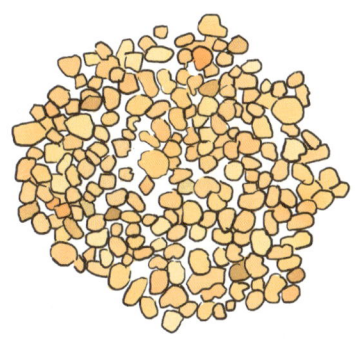

두 번째, 바람이 있어요. 사하라 사막에서는 바람이 암석을 깎아 이따금 환상적인 조각품들이 만들어져요.

사막 모래는 알갱이가 더 둥글고 표면에 광택이 없는 작은 구슬 형태예요.

폭풍이 불면 가벼운 모래 알갱이들은 수천 킬로미터 떨어진 곳까지 이동해요.

프랑스에는 사하라 사막에서 불어온 모래를 동반한 비가 가끔 쏟아져요.

반면 카리브해의 흰 모래는 산호를 갉아 먹고 그 가루를 배설하는 파랑비늘돔에 의해 만들어져요.

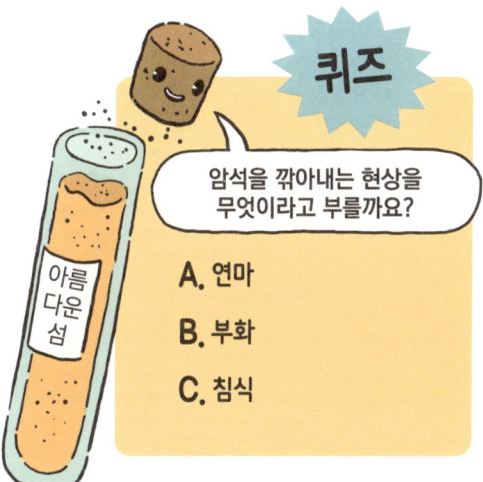

검은색, 회색, 분홍색, 초록색 등 모래를 구성하는 요소에 따라 모래의 종류는 무한해요. 여러분도 모래를 수집한다면 모래 채집가로 불릴 수 있어요.

퀴즈

암석을 깎아내는 현상을 무엇이라고 부를까요?

A. 연마

B. 부화

C. 침식

지구

땅의 흙은 무엇으로 이루어져 있나요?

흙은 동식물을 비롯한 모든 생명체에 쓸모가 있어요.

숲속에 가 봐요. 나무 밑에는 낙엽, 죽은 나뭇가지, 동물의 배설물 등이 뒤섞여 쌓여 있어요.

낙엽 더미는 박테리아, 곰팡이, 곤충, 벌레 등 많은 유기체에 의해 갉아 먹히고 분해돼요. 제곱미터당 1000종 이상의 유기체가 존재하죠!

그럼 조금씩 입자가 곱고 식물에 필요한 영양분이 풍부한, 색이 짙은 부식토로 변해요.

이와 같은 원리로 음식 쓰레기나 정원의 식물 쓰레기 등이 퇴비로 만들어져요.

토양이 비옥해지도록 부식토를 흙에 섞기도 해요. 지렁이도 그런 일을 잘하지요. 지렁이들이 땅속을 오갈 때 작은 통로가 생겨 흙이 섞이니까요.

쓸모 있는 이 토양은 매우 얇은 층으로 되어 있어요. 그렇다면 그 아래에는 무엇이 있을까요?

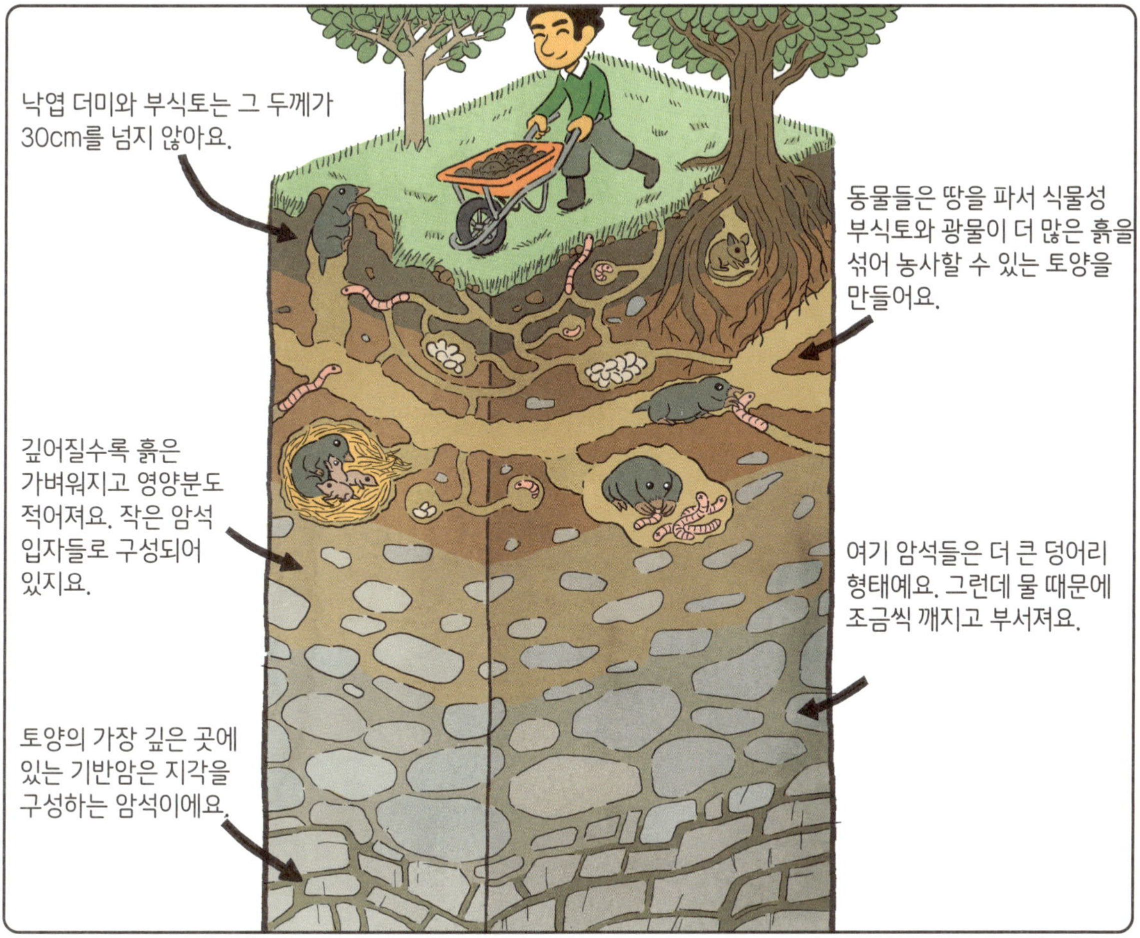

낙엽 더미와 부식토는 그 두께가 30cm를 넘지 않아요.

동물들은 땅을 파서 식물성 부식토와 광물이 더 많은 흙을 섞어 농사할 수 있는 토양을 만들어요.

깊어질수록 흙은 가벼워지고 영양분도 적어져요. 작은 암석 입자들로 구성되어 있지요.

여기 암석들은 더 큰 덩어리 형태예요. 그런데 물 때문에 조금씩 깨지고 부서져요.

토양의 가장 깊은 곳에 있는 기반암은 지각을 구성하는 암석이에요.

건조한 기후의 토양에는 부식토가 없어요. 척박한 땅에서 식물을 키우려면 물과 거름, 천연 비료 등이 필요해요.

퀴즈

토양에서 가장 비옥한 부분은 어디일까요?

A. 기반암
B. 부식토
C. 이끼

지구

바다가 넘치지 않는 까닭은 무엇일까요?

수원(물이 흘러나오는 근원)으로 강은 특별하지 않아요. 그저 지하에서 샘솟는 가느다란 물줄기죠.

물줄기는 경사면을 따라 바다로 흘러가면서 급류, 시냇물, 하천과 만나요.

한 방울씩 떨어지는 빗방울과 녹은 눈도 만나죠.

이곳은 강물이 바다로 흘러 들어가는 어귀, 하구로 민물과 바닷물이 만나 야생 동물에게 매우 풍부한 환경을 제공해요.

엄청난 양의 물이 바다에 도착해요. 남아메리카에 있는 세계 제2의 긴 강 아마존강은 초당 2억 리터나 되는 물을 대서양으로 흘려보내요. 나이아가라 폭포의 80배에 달하는 양이죠!

그렇다면 바다가 범람하지 않는 까닭은 무엇일까요? 물이 증발하기 때문이죠. 태양열에 의해 달궈진 물은 수증기가 되어 대기로 올라가요.

바다, 구름, 비, 하천…… 물이 여러 가지 상태로 끊임없이 변화하며 이동하는 이 과정을 '물의 순환'이라고 불러요.

물 분자는 약 10일 동안 대기 중에 머물고, 18일 동안 하천에 머물며, 수천 년 동안 바다에 머물다가 다시 수증기로 변해요.

다양한 형태로 순환하는 물은 40억 년 전부터 지구에 흐르던 물과 똑같아요. 우리가 마시는 물 한 컵에는 아주 옛날 공룡이 마셨던 물 분자가 분명히 포함되어 있을 거예요.

퀴즈

물이 수증기로 변하는 현상을 무엇이라 하나요?

A. 증발
B. 증산
C. 분무

지구

해수면이 높아지고 낮아지는 이유는 무엇일까요?

대서양 해안은 하루에 두 번씩 해수면이 높아지고 낮아져요. 밀물이 일어나고 6시간 뒤에 썰물이 일어나죠. 이런 현상은 왜 생기는 걸까요?

 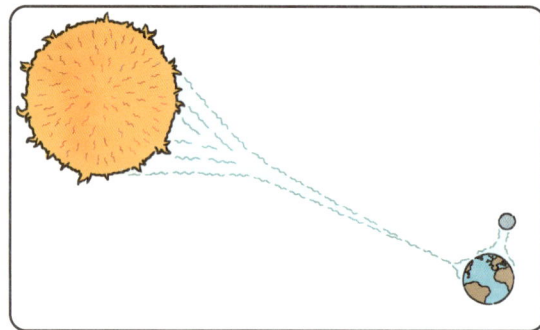

밀물과 썰물은 지구와 달 사이에 작용하는 인력 때문에 나타나요. 우주의 모든 물체는 서로 끌어당겨요. 달의 인력으로 바닷물이 끌려 모아지면서 밀물이 생겨요.

태양도 지구를 끌어당기지만, 지구와 훨씬 멀리 떨어져 있기 때문에 지구를 끌어당기는 힘이 달보다 두 배나 약해요.

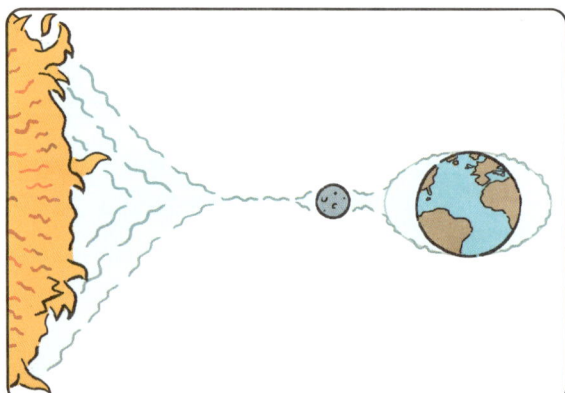 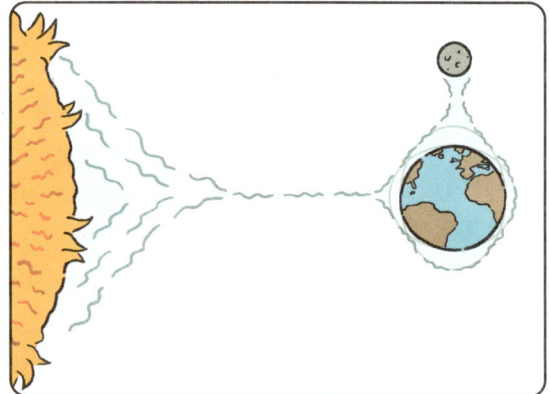

달과 태양이 일직선에 놓일 때 지구를 끌어당기는 힘이 합쳐져요. 이때 커진 인력 때문에 조차(밀물과 썰물 때의 물 높이 차이)가 가장 큰 '사리'가 나타나요.

그림처럼 태양과 지구, 달이 직각을 이루면 인력이 서로 다른 방향으로 작용해요. 이때 조차가 가장 작은 '조금'이 나타납니다.

바다의 깊이, 해류의 세기, 해안의 굴곡도 밀물과 썰물 현상에 영향을 끼쳐요. 아시아의 통킹만에서는 밀물과 썰물이 하루에 한 번밖에 나타나지 않아요.

지중해는 밀물과 썰물로 인한 해수면 차이가 20~30cm로 매우 적어요. 바다가 폭이 좁고 깊어 바닷물이 원활하게 이동하지 못하거든요.

최고 기록을 찾으려면 캐나다의 펀디만으로 가야 해요. 만조 때에는 간조 때보다 해수면의 높이가 최대 22m까지 올라가요.

프랑스 몽생미셸만의 해수면은 밀물 때 무려 13m까지 올라가요. 지형이 평평해서 썰물 때는 바닷물이 18km 이상 멀리 빠져나가요.

천체의 위치에 따라 우리는 인력의 힘과 밀물과 썰물이 나타나는 시간을 정확하게 예측할 수 있어요. 도로가 침수되는 곳에 갇히지 않도록 조심해요!

퀴즈

밀물과 썰물이 나타나는 이유는?

A. 바다도 휴식이 필요해서

B. 바다가 달을 끌어당겨서

C. 달이 바닷물을 끌어당겨서

지구

지구에는 왜 공기가 있을까요?

46억 년 전 갓 태어난 지구는 이글거리는 불덩어리였어요. 빠른 속도로 돌며 우주로 가스를 내뿜었죠.

지구가 식어가면서 지구 주위에 이산화탄소를 포함한 산성의 대기가 생겨났어요. 바다에는 생명체가 나타나기 시작했고요.

최초의 생명체인 작은 조류(藻類)가 내뿜은 산소들이 조금씩 대기에 쌓여갔어요.

'광합성'이라고 부르는 이 과정은 오늘날에도 계속되고 있어요. 녹색식물들이 공기 중에 산소를 만드는 과정이에요.

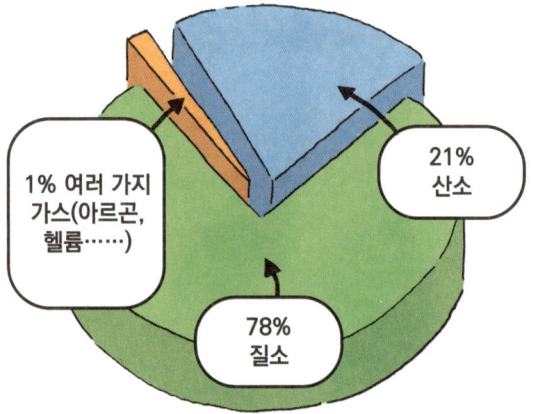

실제로 공기 중에는 산소만 있는 게 아니에요. 여러 가지 가스로 이루어져 있답니다.

공기는 어디에나 있어요. 지구를 둘러싸고 있는 대기는 두께가 얇아 보여도 지구에 생명이 살아가게 하는 중요한 역할을 해요.

우리는 미처 인식하지 못하지만 공기는 두꺼운 기체예요. 실험을 통해 기침할 때와 같은 공기의 이동을 볼 수 있어요.

공기는 매우 무거워요! 우리는 전혀 느끼지 못하지만, 우리 몸의 1제곱센티미터는 약 1kg의 압력을 받고 있어요. 이 힘을 '대기압'이라고 해요.

높은 곳으로 올라갈수록 공기가 적어져요. 높은 산을 오르는 등반가들이 산소통을 가지고 다니는 이유지요.

우리 몸은 산소가 꼭 필요해요. 숨을 들이쉬고 내뱉는 과정에서 평균 12000리터의 공기가 매일 폐를 통과해요.

가스뿐만 아니라 공기에는 미생물은 물론 먼지, 꽃가루, 매연 등 많은 입자가 포함되어 있어요.

공기는 수증기도 운반해요. 그 양이 너무 많아지면… 비가 내려요!

퀴즈

지구를 둘러싸고 있는 공기층을 무엇이라 하나요?

A. 생태계
B. 대기
C. 반구

지구

구름은 가벼울까요? 무거울까요?

비행기에서 보면 구름은 솜을 닮았어요. 하지만 구름은 물을 머금어 매우 무거워요.

탑 모양의 거대한 적란운은 에펠탑보다 50배는 더 무거워요!

태양이 지표면과 바다를 가열하면 구름이 만들어지기 시작해요. 물의 일부가 증발하고 수증기는 대기로 올라가요.

수증기는 상승하면서 다시 냉각돼요. 그런 다음 먼지와 만나면 수증기는 한데 엉겨 매우 작은 물방울로, 더 높은 곳에서는 얼음 알갱이로 변해요.

이 작은 물방울들이 모여 하늘에 떠다니는 구름을 만들어요. 아래의 따뜻한 공기에 의해 옮겨지죠.

물방울이 많아지면 구름은 두꺼워져요. 땅에서 올려다보면 구름이 더 어둡게 보여요.

물방울과 얼음 알갱이들이 뭉치고 뭉쳐서 무거워지면 더는 하늘에 떠 있지 못하고 비나 눈이 되어 아래로 떨어져요. 결국 구름은 사라지죠.

1803년, 영국인 약사 루크 하워드는 구름에 라틴어 이름을 붙여 분류했어요. 구름은 크게 모양과 높이에 따라 10종으로 분류해요.

퀴즈

다음 구름 중에서 존재하지 **않는** 구름은 무엇일까요?

A. 권층운

B. 천운

C. 적운

열대성 저기압은 어떻게 생길까요?

열대성 저기압은 극단적인 기상 현상이에요. 발생 지역에 따라 다른 이름으로 불려요.

처음에는 두 개의 거대한 공기 덩어리인 찬 공기와 더운 공기가 만나요. 유럽에서는 이 현상이 주로 겨울에 발생해요.

더운 공기가 위로 올라가 공간이 생기면 차가운 공기가 밀려 들어오면서 바람이 불어요.

기단(거대한 공기 덩어리)의 온도 차가 클수록 바람은 더 강해져요. 회오리바람이 생기죠.

경고! 지름 1000km가 넘는 회오리바람이 발생하기도 하는데 이는 프랑스 크기와 맞먹어요. 열대성 저기압은 느리게 이동하면서 세찬 바람과 거센 비를 동반해요.

약 일주일 동안 지속돼요. 보통 바다에서 발생해 육지로 이동하면서 차츰 힘을 잃다가 사라져요.

열대성 저기압의 세력을 풍속에 따라 분류하기 위한 척도가 있어요. '사피어-심프슨 허리케인 등급'은 바람의 세기와 해수면 상승 정도에 따라 다섯 가지로 분류해요.

시속 119~153km
나무와 가벼운 건축물이 파손되고 파도가 높아져요.

시속 154~177km
지붕과 창문이 파손되고 나무가 심하게 꺾이며 파도가 거세져요.

시속 178~208km
지붕이 뜯겨 날아가고 나무뿌리가 뽑히며 바닷물이 해변을 덮쳐요.

시속 209~251km
건물이 파괴되고 해안 3km까지 바닷물이 범람해요.

시속 252km 이상
초토화 상태가 되며 강과 바다의 물이 불어나고 큰 수해를 일으켜요.

- 시속 205km: 1999년 유럽에서 발생한 가장 강력한 열대성 저기압.
- 시속 408km: 1996년 호주에서 측정된 사이클론 돌풍의 최대 시속.

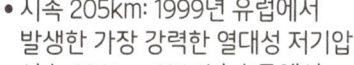

퀴즈

다음 중 열대성 저기압의 이름이 **아닌** 것은 무엇인가요?

A. 돌풍
B. 태풍
C. 허리케인

지구

별똥별은 무엇일까요?

슈웅! 한 줄기 빛이 하늘을 가르며 떨어져요. 슈퍼 영웅일까요? 아니, 별똥별이에요! 별똥별은 어떻게 빨리 움직일까요?

별똥별은 이름처럼 별의 똥이 아니에요. 별은 태양처럼 불타오르는 거대한 공이지만, 너무 멀리 떨어져 있어서 우리 눈에는 매우 작게 보여요.

별똥별을 만드는 '유성체'는 우주에서 떠돌던 먼지나 작은 암석으로 대개 모래알 정도의 크기예요.

유성체가 매우 빠른 속도로 지구 대기권 안으로 들어와 불타면서 빛을 내고 사라지는 현상을 '별똥별(유성)' 이라고 하죠. 빠른 별똥별은 초속 50km나 돼요.

그렇다면 유성체는 어디에서 왔을까요? 유성체는 얼음과 먼지로 이루어진 혜성이 태양계를 돌면서 남긴 부스러기들이랍니다.

이 부스러기들이 지구에 끌려 들어오면 별똥별이 비처럼 쏟아지는 유성우 현상이 나타나요. 시간당 100개의 유성이 쏟아지기도 해요.

때때로 더 큰 유성체가 지구에 떨어지기도 해요.
이 유성체는 우주에서 행성들의 충돌로 생겨요!

유성체가 대기권에 부딪히며 떨어질 때 타면서 빛을 내는데, 낮에도 볼 수 있어요.

완전히 타지 않고 지표면에 떨어진 유성체를 '운석' 이라고 불러요.

운석 대부분은 바다나 숲에 떨어져 찾지 못해요. 사막에 떨어졌을 때 가장 쉽게 찾을 수 있지요.

어떤 운석들은 크기로 유명해요. 매우 희귀해서 금보다 가치가 더 높은 운석들도 있어요.

호바 운석(아프리카 나미비아) : 무게 60톤, 가장 큰 운석

윌래밋 운석(미국) : 무게 14톤, 독특한 형태

푸캉 운석(중국) : 무게 1톤, 감람석 결정과 금속으로 이루어진 가장 희귀한 운석

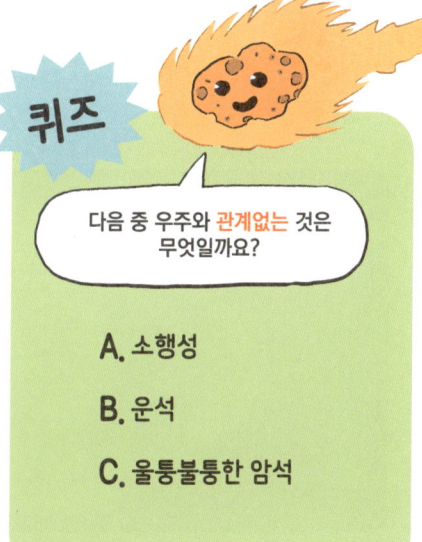

퀴즈

다음 중 우주와 관계없는 것은 무엇일까요?

A. 소행성

B. 운석

C. 울퉁불퉁한 암석

지구

별의 개수를 셀 수 있나요?

우리와 가장 가까이 있는 별은 태양이에요. 태양계의 중심에서 태양은 다른 별들처럼 빛을 내고 있어요.

도시에서는 조명 때문에 별을 구별하기 어려워요. 자연에서는 맨눈으로 별을 3000개까지도 볼 수 있어요. 빛 공해가 없다면 그보다 3배는 더 볼 수 있죠.

많다고요? 아니에요. 아마추어 천체 망원경으로 100~200배 확대해 보면 우리는 수백만 개의 별을 관측할 수 있거든요.

우리 은하계의 가장 큰 별 중 하나인 방패자리 UY 별은 반지름이 태양의 1700배 정도예요!

그렇다면 은하계에는 얼마나 많은 별이 있을까요? 2000억~4000억 개로 추정하고 있어요.

모래알과 비교해 볼까요. 만약 은하계의 별 하나하나가 모래알이라면 이미 멋진 성 한 채를 지을 수 있었겠지요.

확실한 점은 우리가 사는 은하계가 우주에서 유일한 것은 아니에요. 따라서 별의 개수는 엄청나고 셀 수 없을 정도예요.

최근 연구에 따르면 2조 개나 되는 은하가 있어요. 그리고 은하마다 최소 1000억 개의 별이 있으니 그것을 모두 곱한 모래의 양은 얼마나 될까요?

놀라워요! 우주에는 지구의 모래알 수만큼 많은 별이 있어요. 개수를 셀 수 있을까요?

퀴즈

별을 관측할 때 사용하는 것은 무엇일까요?

A. 잠망경

B. 천체 망원경

C. 색안경

식물의 비밀

우리는 몇 종의 식물을 알고 있을까요?

이 식물학자는 '식물이란 빛을 이용해 스스로 양분을 만드는 생물'이라고 설명하고 있어요. 반면에 동물이나 인간은 살아가기 위해 식물이나 동물을 먹어야만 하고요.

식물은 어디에서나 자라요. 여기 보도블록 사이에서도 쇠비름이 살고 있어요.

아마존 열대 우림에는 1만 5000종이 넘는 식물이 있어요!

식물의 종류를 모두 세는 건 어려워요. 오늘날 식물학자들은 40만 종이 넘는 식물들을 조사해 식물의 형태와 번식 방법 등에 따라 묶어 분류했어요.

씨를 만들어 번식하는 꽃식물(종자식물)은 35만 2000여 종으로 그 수가 가장 많아요. 나무, 풀, 그리고 일부 수생 식물이 포함되지요.

꽃을 피우지 않는 민꽃식물 중 솔이끼, 우산이끼와 같은 선태식물은 2만여 종이 있어요.

고사리와 쇠뜨기 같은 양치식물은 1만 3000여 종이 있지요.

소나무처럼 잎이 바늘잎으로 된 겉씨식물(침엽수)은 1000여 종이 있어요. 은행나무는 잎이 넓지만 겉씨식물이므로 침엽수에 속해요.

미역, 김 같은 해조류도 식물이지만, 버섯 같은 균류는 아니에요. 왜냐하면 균류는 스스로 양분을 만들지 못하기 때문이에요.

해마다 2000개 식물이 발견되고, 3~5종의 식물이 사라집니다.

그런데 여전히 24만 2000여 종의 식물을 분류해야 하죠. 제대로 분류해 다른 이름으로 두 번 기재된 식물은 바로잡아야 해요!

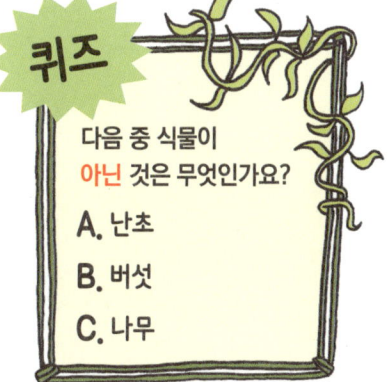

퀴즈

다음 중 식물이 **아닌** 것은 무엇인가요?

A. 난초
B. 버섯
C. 나무

식물의 비밀

식물은 왜 녹색일까요?

여기 정글을 봐요. 옅은 녹색부터 짙은 녹색까지 펼쳐져 있어요. 식물은 대부분 색이 같고 명암 차이만 있죠.

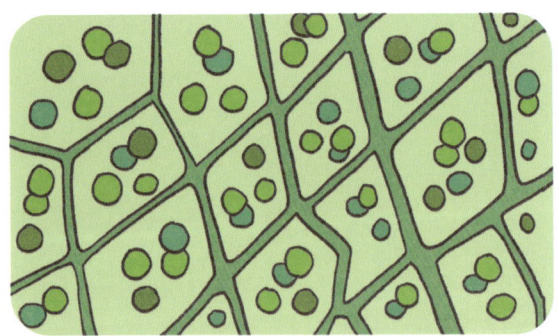

그 까닭을 찾기 위해 현미경으로 잎을 관찰할까요. 잎에는 '엽록소'라는 작은 녹색 색소가 있어요.

엽록소는 빛을 흡수하는 역할을 해요. 식물이 살아가고 성장하는 데 필요하죠.

맞아요! 식물은 동물처럼 음식을 먹지 않아요. 식물은 공기의 이산화탄소와 토양의 물과 무기질을 흡수해 스스로 양분을 만들어내요.

이러한 요소들이 결합하려면 빛이 필요해요. 식물이 빛을 이용해 양분을 스스로 만드는 과정을 '광합성'이라고 해요.

그렇다면 식물은 왜 녹색일까요? 그 이유는 간단해요. 하얗게 보이는 빛은 사실 여러 색의 광선으로 이루어져 있어요.

엽록소는 빨간색과 파란색 빛을 흡수하고 녹색 빛은 조금만 흡수해요.

식물이 사용하지 않는 녹색 빛은 반사돼요. 바로 이 빛깔이 우리 눈에 들어와 식물이 녹색으로 보여요.

그렇다면 이 보라색 식물은 어떻게 설명할까요? 이 식물에도 녹색의 엽록소가 있어요. 단지 다른 색소 아래에 숨겨져 있을 뿐이에요.

사실 모든 생물은 같은 방법으로 색깔을 인식하지 않아요. 만약 고양이에게 식물이 무슨 색으로 보이는지 묻는다면 고양이는 '칙칙한 노란색'이라고 대답할 거예요.

퀴즈

식물이 빛을 이용해 양분을 스스로 만드는 과정을 무엇이라고 하나요?

A. 광합성

B. 혼합성

C. 감광성

식물의 비밀

가을에 낙엽이 지는 이유는 무엇일까요?

나무는 겨울에 잎이 필요하지 않아요. 잎 없이 겨울을 보내는 게 더 나아요.

여름에는 나무가 자라는 데 필요한 태양 에너지를 잎이 흡수해요.

잎맥에는 물과 무기 염류로 이루어진 나무의 생명액인 수액이 흘러요.

가을에는 낮이 짧아지면서 햇빛이 약해져요. 나뭇잎이 햇빛을 흡수하는 일도 덜 하게 되죠.

추위가 찾아오면 나뭇잎이 얼어붙어서 수액이 이동하는 순환로가 파손되고 나무가 위험해질 수 있어요!

잎꼭지 부분에 단단한 코르크 마개와 같은 세포층 떨켜가 생겨나요. 이제 나무는 잎으로 양분을 공급할 수 없게 되죠.

잎은 저장되어 있던 수액 덕분에 잠깐 살아 있다가 곧 말라서 떨어져요.

겨울이 왔어요! 나무는 헐벗고 성장이 느려진 채 휴면기에 들어가요.

나무는 거의 죽은 듯 보이지만 가지에는 겨울눈이 생겨 겨울을 넘기고 봄이 되면 자라죠.

이 소나무 보이나요? 소나무의 바늘잎은 겨울에도 떨어지지 않아요. 기공 주변이 왁스로 덮여 있어서 밖으로 빠져나가는 물의 양을 줄여 추운 겨울을 잘 이겨내지요.

그래서 소나무는 풍성한 잎을 간직한 채 겨울을 나요.

퀴즈

나뭇잎은 왜 떨어질까요?

A. 겨울을 나기 위해서예요.

B. 점점 무거워지기 때문이에요.

C. 더 눈에 띄기 위해서예요.

식물의 비밀

잡초란 무엇인가요?

황무지에는 누구도 심은 적 없는 온갖 종류의 식물이 자라나요.

길가나 하천 빈터 등 어디에서나 자라지요. 그런데 왜 '잡초'라고 부를까요?

이 잡초들은 정원에서는 그다지 환영받지 못해요.

정원사는 잡초를 좋아하지 않아요. 왜냐하면 이 식물들은 자라면서 정원사가 가꾸는 채소나 꽃들과 경쟁하거든요. 잡초들은 정원에 자리를 잡고 물과 빛을 흡수해 버려요!

하지만 잡풀로도 부르는 잡초들은 때때로 매우 유용해요.

쐐기풀과 민들레는 먹을 수 있어요. 애기똥풀에서 나온 황색 즙은 무사마귀 치료에 효능이 있는 것으로 알려져 있어요.

메꽃은 벌을 유혹해서 식물의 꽃가루받이를 도와요. 질경이는 새의 먹이가 되고요.

사실 잡초는 통제하기 어려워요. 잡초들은 대개 뿌리가 튼튼하고 많은 종자를 생산하지요. 개양귀비의 삭과 하나에는 2만 개의 종자가 있어요!

하지만 잡초가 자라도록 작은 공간을 내어줄 수 있어요. 쐐기풀처럼 뽑아낸 잡초들로 천연 비료를 만들 수도 있지요.

퀴즈

잡초는 무엇인가요?

A. 맛이 없는 식물

B. 약으로 쓸 수 없는 식물

C. 저절로 나서 자라는 식물

식물의 비밀

장미는 왜 가시가 있을까요?

암소 누렁이는 멍청이가 아니에요. 장미나 가시덤불을 뜯어 먹지 않아요. 식물들에게 가시는 자신을 보호하는 좋은 수단이에요.

온갖 종류의 가시가 있어요. 장미의 가시는 식물을 다치게 하지 않고 떼어낼 수 있어요.

장미는 가시를 통해 온도를 조절할 수 있어요. 더울 때는 열을 배출하고 추울 때는 가지가 노출되는 표면을 줄여요.

가시로 덮인 장미는 결코 더 휘어지지 않아요. 가시가 없는 다른 품종보다 바람과 비에 더 잘 견디지요.

선인장에도 가시가 있어요. 잎이 변한 가시들은 유연하지만 굽혀지지 않으며 방사형이나 모든 방향으로 자랄 수 있죠.

선인장의 가시도 장미의 가시처럼 식물을 보호해요.

선인장은 주로 사막에서 자라요. 선인장의 가시는 매우 촘촘해서 햇빛으로부터 선인장을 보호하는 두꺼운 솜털처럼 형성돼요.

사막에는 비가 잘 내리지 않아요. 가시는 안개나 아침 이슬을 머금어 선인장에 필요한 물을 주지요.

쐐기풀도 따끔따끔 찔러요. 하지만 쐐기풀에는 가시라기보다는 털이 나 있어요. 가시털에는 포름산이 들어 있어 찔리면 쐐기한테 쏘인 것처럼 아파요. 아야!

털, 가시, 바늘은 자연에서 자주 볼 수 있어요. 남아메리카에 있는 이 나무의 몸체는 정말 놀라워요!

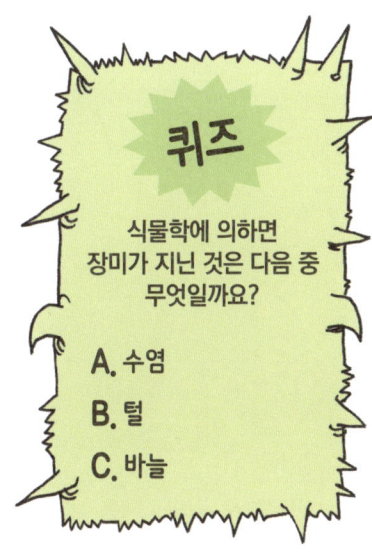

퀴즈

식물학에 의하면 장미가 지닌 것은 다음 중 무엇일까요?

A. 수염
B. 털
C. 바늘

식물의 비밀

꽃은 왜 향기가 날까요?

사랑 때문이에요! 꽃은 움직이지 못하는데 어떻게 번식할까요?

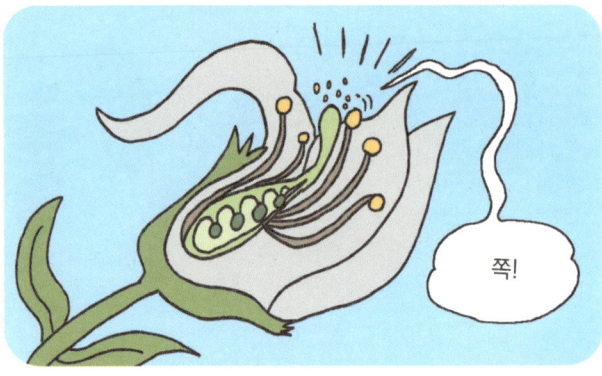

이 완두콩 꽃처럼 몇몇 식물은 자가 수정을 할 수 있어요.

하지만 꽃 대부분은 수술(수컷 생식 기관)의 꽃가루가 다른 꽃의 암술(암컷 생식 기관)에 옮겨져 수정이 이루어져요.

그렇다면 누가 식물의 꽃가루받이를 도울까요? 바람이나 곤충, 새 등이 돕지요.

꽃가루받이를 돕는 동물을 유인하기 위해 꽃은 아름다운 문양과 색을 띠며 독특한 향을 뿜어요.

벌은 꽃을 찾아 달콤하고 힘을 주는 꿀을 빨아 먹어요. 그 과정에서 꽃 사이를 오가며 꽃가루를 옮기지요. 이때 식물의 꽃가루받이가 이루어져요.

저마다 좋아하는 향이 달라요. 우리가 악취라고 생각하는 식물의 향을 누군가는 좋다고 생각할 수 있어요. 고기 썩은 냄새를 파리는 매우 마음에 들어 하거든요.

식물의 비밀

어떤 식물이 가장 빨리 자랄까요?

대나무 숲에 서면 풀밭의 개미가 된 듯해요.

대나무는 잔디와 같은 풀이며 나무가 아니에요. 거대한 품종은 하루에 1m가 넘게 엄청난 속도로 자라요.

아시아에서 대나무는 빛을 향해 쑥쑥 빠르게 자라나요. 높이가 40m에 이르고, 단 며칠 만에 몇십 년 된 나무들을 추월하기도 해요.

속은 비어 있지만, 매우 단단하고 휘어지지 않아요.

실제로 아시아에서는 거대한 줄기를 이용해 일상용품을 만들거나 건물을 지을 때 건물 외벽을 감싸는 비계로 사용하기도 해요.

대나무는 매우 빠르게 자라므로 환경친화적이에요. 잘라도 새순이 곧 돋아나요.

식물계에서 그 수가 가장 많은 꽃식물 가운데 챔피언은 아마존빅토리아수련이에요.

완두콩 크기의 씨앗이 물속 깊은 바닥에서 싹을 틔워요. 잎들이 수면 위로 모습을 드러내지요.

1주일 뒤 잎의 지름이 약 1m로 자라요.

잎은 성장을 멈추지 않고 지름 3m까지 자랄 수 있어요. 커다란 잎은 왜가리의 낚시 발판이 되지요.

어린 카이만을 위한 휴식 공간이 되기도 하고요.

퀴즈

어떤 꽃식물이 가장 빨리 자라나요?

A. 거대한 대나무
B. 거대한 수련
C. 거대한 데이지

식물의 비밀

식충 식물이란 무엇인가요?

1763년 미국인 아서 돕스는 습지에서 이상한 식물인 파리지옥을 관찰하게 됐어요. 파리지옥의 잎은 작은 입과 닮았죠.

딸깍! 곤충이 잎에 앉자마자 파리지옥은 곤충을 삼켜 버려요. 돕스는 '식충 식물'이라는 용어를 만들었어요.

1860년쯤, 영국의 생물학자 찰스 다윈은 식충 식물을 처음으로 연구했어요. 다양한 방법으로 동물을 잡는 식물들이 있었죠.

끈끈이주걱의 긴 털(선모) 끝에는 점액이 매달려 있어 곤충이 선모에 붙으면 구부러서 곤충을 감싸 버려요.

벌레잡이제비꽃은 잎 전체가 끈적끈적해요. 잎에 앉으면 파리는 날아갈 수 없어요.

그런데 식물이 왜 곤충을 먹을까요? 단백질을 섭취해 산성 토양과 같은 척박한 땅에서도 살아가기 위해서랍니다.

네펜테스의 벌레잡이주머니가 있네요. 달콤한 향기에 이끌린 곤충들은 미끄러져 주머니 속으로 떨어지고 다시 나오지 못해요.

필리핀에는 거대한 네펜테스 종도 존재해요. 땅에서 자라며 들쥐나 새도 잡아먹지요.

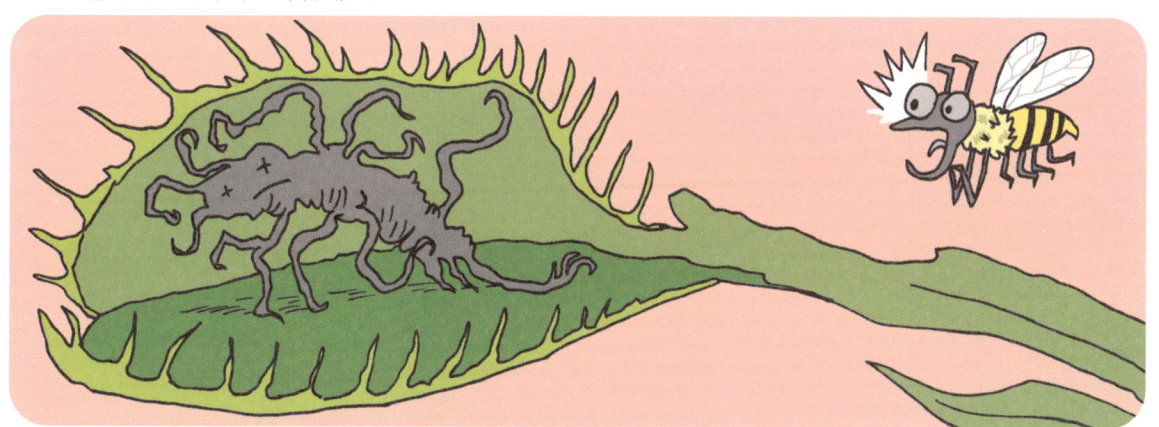

잡은 먹이가 죽으면 식물은 소화액을 분비해 먹이를 끈적거리는 액체로 흡수해요. 머지않아 먹이의 껍질만 남게 돼요.

그렇다면 사람을 잡아먹는 식물도 있을까요? 19세기에는 그런 식물이 있다고 믿게 만드는 풍자가들이 있었어요. 그런 거짓 정보가 여러 신문에 실렸었죠.

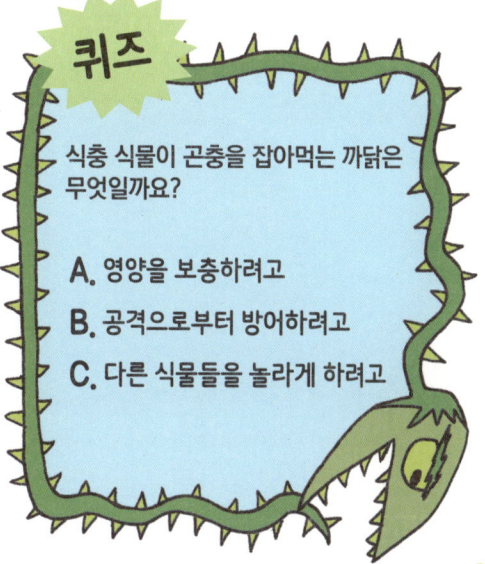

퀴즈

식충 식물이 곤충을 잡아먹는 까닭은 무엇일까요?

A. 영양을 보충하려고

B. 공격으로부터 방어하려고

C. 다른 식물들을 놀라게 하려고

식물의 비밀

나무는 왜 목재로 되어 있을까요?

꽃은 줄기가 매우 견고할 필요가 없어요. 꽃이 살아 있는 한 꽃에 흐르는 수액이 줄기를 잘 지탱하기 때문이에요.

하지만 나무는 더 견고한 골격이 필요해요. 그 역할을 하는 게 바로 목재랍니다. 그렇다면 목재는 어떻게 만들어질까요?

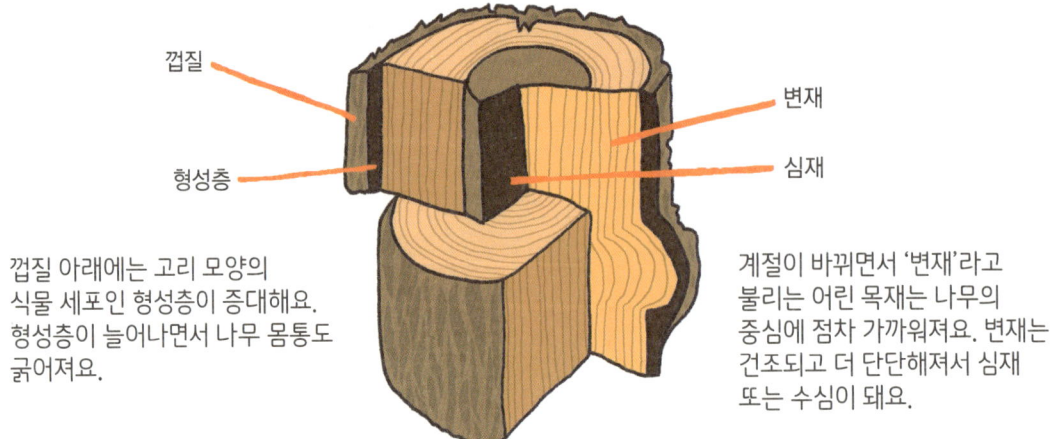

껍질 아래에는 고리 모양의 식물 세포인 형성층이 증대해요. 형성층이 늘어나면서 나무 몸통도 굵어져요.

계절이 바뀌면서 '변재'라고 불리는 어린 목재는 나무의 중심에 점차 가까워져요. 변재는 건조되고 더 단단해져서 심재 또는 수심이 돼요.

나이테를 보면 나무의 나이를 알 수 있어요. 지름이 3m인 이 목재는 수령 2000년이 넘는 미국삼나무의 단면이에요!

자라는 속도가 느린 나무일수록 목재는 더욱 단단해요. 박물관의 자일로 텍(xylothèques) 목재 표본 모음에는 3000종이 넘는 표본이 보관되어 있어요.

줄기를 통해 나무는 더 높이 자라거나 더 넓게 퍼져요. 숲의 나무들은 가능한 더 많은 햇빛을 받으려고 해요.

115m

유럽에서 가장 키 큰 나무는 호주산 유칼립투스로 1890년 포르투갈에 심어진 다이버시컬라유칼립투스예요.

73m

27m

퀴즈

나무의 몸체는 어디에서부터 커질까요?

A. 중앙
B. 바깥
C. 위

현재 세계에서 가장 키 큰 나무는 미국 캘리포니아주 레드우드 국립 공원에 있는 미국삼나무 히페리온이에요. 이 나무는 약해서 정확한 위치는 공개되지 않았어요.

마다가스카르에는 수령이 1500년 된 둘레가 가장 큰 바오밥나무가 있어요. 하지만 이 나무는 벼락을 맞고 죽을 위험에 처해 있어요.

식물의 비밀

씨앗에는 무엇이 들어 있을까요?

동물의 알처럼 씨앗은 약속이에요. 씨앗에는 미래의 식물이 자랄 수 있는 모든 것이 들어 있어요.

씨앗의 여왕은 꽃식물이에요. 식물 종의 90%를 차지하고 있지요. 대개 열매가 꽃식물의 씨앗을 감싸고 있어요.

살구를 살펴볼까요. 모든 씨앗처럼 크기와 상관없이 살구의 핵은 세 가지 핵심 요소를 갖고 있어요.

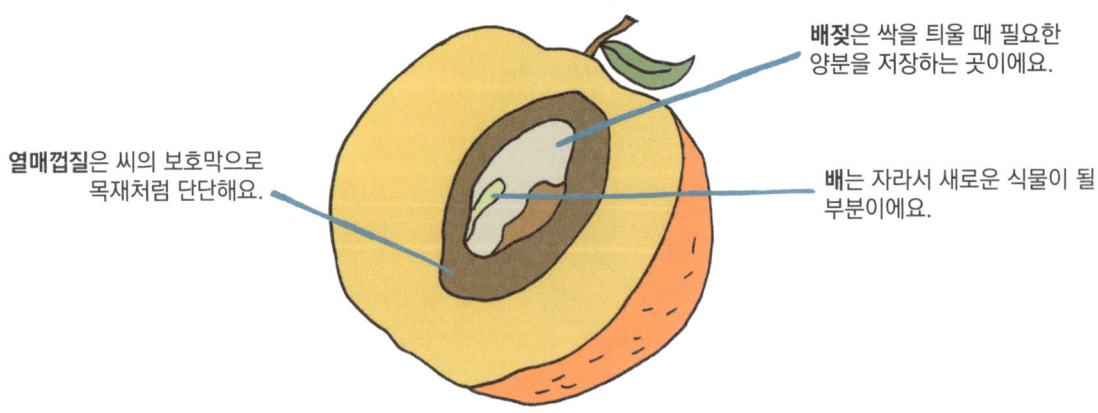

배젖은 싹을 틔울 때 필요한 양분을 저장하는 곳이에요.

열매껍질은 씨의 보호막으로 목재처럼 단단해요.

배는 자라서 새로운 식물이 될 부분이에요.

기다릴 줄 아는 것이 씨앗의 강점이에요. 중국에서는 1300년이나 된 연꽃의 씨앗이 싹을 틔웠어요.

사생활 이라고!

일반적으로 씨앗은 빨리 퍼져요. 예를 들어, 열매를 먹은 동물은 배설물로 씨앗을 배출해 널리 퍼뜨려요.

씨앗은 땅의 물기를 감지할까요? 씨앗이 발아하는 순간이에요! 뿌리는 물을 찾는 데 몰두해요. 씨앗에서 움이 트면서 최초로 나오는 잎, 떡잎은 빛을 향해 뻗어나가요.

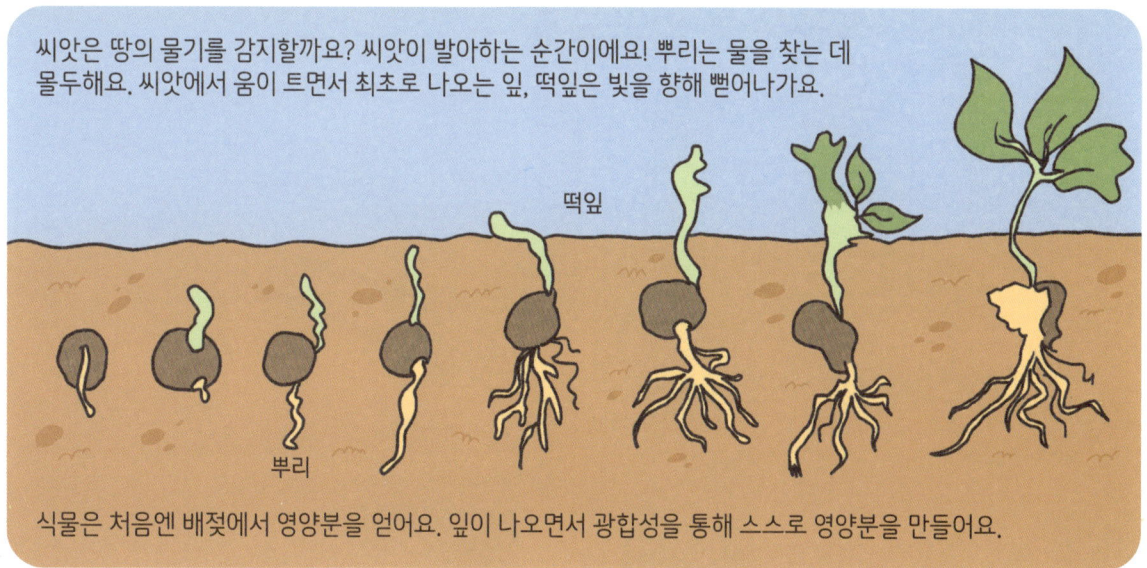

식물은 처음엔 배젖에서 영양분을 얻어요. 잎이 나오면서 광합성을 통해 스스로 영양분을 만들어요.

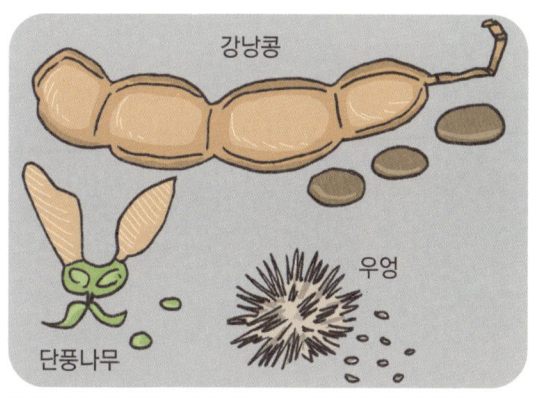

씨앗 모양은 매우 다양해요. 어떤 것은 공중을 날기에 적합하고, 어떤 것은 물에 떠다니거나 동물의 털에 붙기 좋은 모양이지요.

세상에서 가장 작은 씨앗은 난초과 씨앗으로 맨눈으로 볼 수 없어요. 110만 개를 모아야 무게가 1g이 돼요.

세상에서 가장 큰 씨앗은 바다야자의 씨앗으로 무게가 20kg이 넘어요. 바다야자 씨앗은 '야자 엉덩이'로도 불려요. 그 이유를 알겠죠?

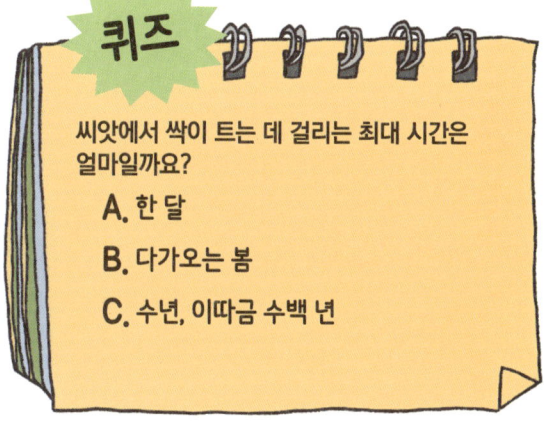

퀴즈

씨앗에서 싹이 트는 데 걸리는 최대 시간은 얼마일까요?

A. 한 달

B. 다가오는 봄

C. 수년, 이따금 수백 년

식물의 비밀

식물은 물 없이도 살 수 있을까요?

어떤 식물도 물 없이는 살아갈 수 없어요. 물은 생존에 필수적이거든요. 여러분의 몸도 65%는 물로 되어 있고, 녹색 채소는 약 95%가 물이에요.

그렇다면 세계에서 가장 건조한 칠레의 아타카마 사막과 같은 곳에서 식물들은 어떻게 살 수 있을까요?

놀랍게도 씨앗들이 모래 속에 묻혀 있어서 비가 한 번이라도 오면 사막은 꽃들로 뒤덮여요.

꽃은 2주 만에 씨앗을 만들어 퍼뜨리고 다음 비를 기다리죠.

어떤 식물들은 휴면 상태에 들어가요. 재생하는 식물이죠. 이 회전초(부활초)는 바싹 말라서 죽은 듯해요.

하지만 비가 오면 몇 시간 뒤에 잎을 펼치고 다시 녹색 줄기를 뻗으며 자라나지요.

또 다른 전략은 이 황무지의 라벤더처럼 수분 증발을 막기 위해 작은 잎을 가지는 거예요.

통통하고 두툼한 다육 식물은 줄기나 잎에 물을 저장하지요.

애리조나 사막의 변경주선인장의 뿌리는 지면 가까이 넓게 뻗어 있어 비가 오면 최대한 물을 듬뿍 흡수해요.

메스키트 나무의 뿌리는 땅속 30m까지 뻗어 내려가 지하수면에서 물을 빨아들여 저장해 둬요.

이 눈길을 끄는 나무는 바로 호주에 있는 물병나무예요. 이 나무는 몇백 리터의 물을 저장할 수 있답니다. 비가 오지 않으면 나무 몸통이 가늘어져요!

퀴즈

선인장처럼 잎에 많은 물을 저장하는 식물의 이름은 무엇일까요?

A. 삼육 식물
B. 보육 식물
C. 다육 식물

식물의 비밀

버섯은 어디에서 나오나요?

여름이 지나가도 숲의 땅은 미지근한 온기가 있고 날씨는 여전히 따뜻해요.

낮이나 밤이나 포근하죠!

폭우가 여러 날 쏟아지면서 비가 나무 아래를 적셔요.

어느 날 아침, 작은 버섯이 땅에서 돋아나오기 위한 최상의 조건이죠.

버섯은 빨리 자라요. 며칠 만에 완전히 자라서 바로 온전한 버섯을 볼 수 있어요.

버섯의 몸은 갓과 자루로 이루어져 있는데, 갓 안쪽 주름 안에는 생식 기능을 하는 '포자'가 있어요.

주요 부분은 땅속에 숨겨져 있어요. 이 매우 가는 섬유망은 균사체랍니다.

버섯의 홀씨인 포자가 성숙하면 수백만 개를 바람에 날려 보내요. 그러고 나서 버섯은 오래 가지 못하고 죽어요.

포자 하나가 땅에 떨어져 뿌리를 내리면 실처럼 가느다란 균사가 뻗어나가요. 운이 따라 주면, 균사는 또 다른 균사와 만나 결합해요.

땅속에 새로운 균사체 망이 형성돼요. 여기에서 어린 버섯들이 돋아나기 시작해요.

균사체는 땅 아래에서 동그랗게 사방으로 뻗어나가며 최적의 조건이 되길 기다렸다가 다시 포자를 만들어내요. 버섯이 둥글게 줄지어 바퀴 모양으로 돋아나는 현상을 '균륜' 또는 '버섯고리'라고 해요.

퀴즈

땅속 버섯의 숨겨진 부분을 무엇이라고 하나요?

A. 균사체
B. 염색체
C. 결정체

식물의 비밀

뿌리는 거꾸로 된 식물일까요?

뿌리는 식물의 '숨겨진' 부분이에요. 씨앗에서 싹이 트자마자 뿌리는 중력을 받아 저절로 땅속으로 뻗어나가요.

식물을 옮겨 심을 때 볼 수 있어요. 뿌리와 잔뿌리들이 뿌리털 형태로 빠르게 뻗어나가죠.

이 나무처럼 식물이 클수록 그 뿌리도 더 굵고 넓게 뻗어나가요.

여긴 내 방이야!

뿌리들은 보통 눈에 보이는 나무보다 3분의 1 정도 더 넓은 원을 그리며 뻗어나가요.

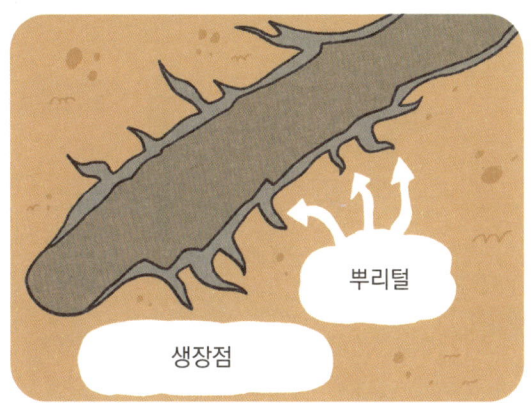

가까이에서 보면, 뿌리마다 미세한 털이 있음을 알 수 있어요. 이 털들은 식물에 필요한 물과 무기 염류를 흡수해요.

커다란 나무는 엄청나게 큰 뿌리가 있어요. 이 뿌리들은 나무 몸체를 지탱하고 바람이 불면 바람을 잘 견뎌내지요.

어떤 식물은 뿌리가 물과 영양분으로 부풀어 올라 저장고 역할을 해요.
와작와작! 우리는 도톰한 뿌리를 채소로 먹어요.

대나무는 싹이 나는 땅속줄기가 있어요. 땅속줄기는 땅속에서 뻗어나가며 줄기의 마디에서 죽순이 돋아나요.

더욱 놀라운 예는 바니안나무로, 가지에서 공기뿌리(기근)가 자라나 땅에 닿으면 다시 뿌리가 되고 새로운 줄기가 생겨요. 바니안나무는 나무 자체가 작은 숲을 이뤄요!

퀴즈

식물의 뿌리가 하는 역할은 무엇일까요?

A. 식물을 예뻐 보이게 해요.
B. 식물에 영양분을 공급해요.
C. 식물이 땅에 잘 달라붙게 해요.

식물의 비밀

위험한 식물이 있나요?

그렇게 보이지 않지만, 이 아름다운 협죽도의 잎과 꽃에는 강한 독이 있어요. 여러분, 멀리서만 감탄해요.

이 은방울꽃도 꽃과 잎, 뿌리에 독이 있어요. 예쁘고 향기도 매우 좋지만, 은방울꽃을 만지게 되면 바로 손을 씻어야 해요!

미나리아재비 아주까리 헬레보어 주목 디기탈리스 콜키쿰

전 세계에는 독성을 지닌 식물이나 독초가 최소 1만 종 이상 있어요. 그들은 초원이나 정원에서 흔하게 볼 수 있지요.

그런데 식물은 왜 독을 만들까요? 대개는 식물을 먹으려는 동물들로부터 자신을 보호하기 위해서예요.

여기 만병초를 뜯어 먹은 염소는 매우 아프게 되고 다시는 뜯어 먹지 않을 거예요.

벨라도나처럼 일부 독이 많은 식물은 가끔 치명적인 물약을 만드는 데 사용되었어요.

오늘날 벨라도나의 분자는 진통제를 만드는 데 사용돼요. 독인지 약인지를 결정짓는 것은 복용량이에요.

유럽에서 가장 위험한 식물은 투구꽃이에요. 고대부터 투구꽃 모든 부분에는 독이 있다고 알려져 있죠.

어수리 같은 또 다른 식물에는 독성 수액이 있어요. 만약 피부에 닿으면 매우 고통스러운 화상을 입어요.

가장 위험한 나무는 앤틸리스 제도의 만치닐이에요. 이 나무 아래에서 낮잠을 자면 호흡 곤란이나 화상을 입을 수 있어요. '죽음의 나무'라고 불리며 나무에 종종 경고 표지가 붙지요.

퀴즈

유독 식물은 무엇으로 불리기도 하나요?

A. 식용 식물
B. 약용 식물
C. 독초

식물의 비밀

가장 많이 소비되는 식물은 무엇일까요?

과일을 포함한 식물을 먹는 것은 건강에 매우 좋아요. 자연은 관대해요. 세계에는 5만 종의 식용 식물이 있어요.

쐐기풀 수프나 꽃 샐러드는 어떨까요? 우리가 식물들을 식별할 줄 안다면 일부 야생 식물도 맛있을 거예요!

과수원이나 채소밭에서 선택할 수 있는 식물들은 매우 한정되어 있어요. 유럽에서는 약 100여 종의 식물이 재배 식물 대부분을 차지해요.

선택에 따라 이 종들은 점점 더 크기가 커져요. 이 가지들과 야생 당근들이 무엇을 닮았는지 봐요.

여기 선택을 통해 개량된 다양한 품종이 있어요. 과육이 크고 씨앗이 적답니다.

우리가 가장 많이 먹는 식물은 곡식이에요. 곡식을 낟알, 가루, 굵은 가루, 죽, 납작하게 빻은 형태로 먹어요.

이 옥수수밭은 엄청 넓어요. 세계에서 가장 많은 곡식이 생산되는 곳이지만, 그중 4분의 3은 동물의 먹이가 되지요.

서양에서 가장 많이 소비되는 곡식은 밀이에요. 빵, 파스타를 만드는 데 사용해요.

전 세계 사람 절반이 쌀을 주식으로 해요. 하지만 인도네시아에서는 1년에 1인당 쌀 135kg을 먹고, 유럽에서는 7kg 정도 먹죠.

채소는 감자가 가장 많이 소비돼요. 과일에서는 토마토가 그렇지요. 두 식물 모두 미국에서 전해졌어요. 16세기 유럽에 감자와 토마토가 전해지기 전에는 감자튀김과 피자를 몰랐을 거예요.

퀴즈

다음 중 곡식이 아닌 것은 무엇일까요?

A. 쌀
B. 토마토
C. 옥수수

동물의 세계

최초의 동물은 무엇일까요?

35억 년 전 지구의 모습이에요. 지평선에 아무것도 없었어요. 동식물도 없고요.

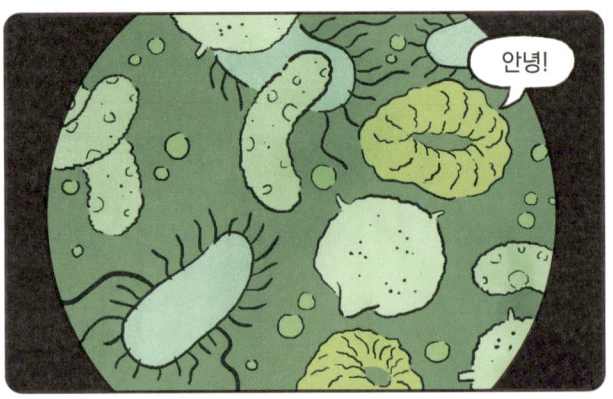

최초의 생명체는 박테리아 형태로 나타났어요. 매우 단순한 이 미생물은 물에서 성장했죠.

이 생명체들은 운석과 함께 우주에서 온 것일까요? 바다에서 일어난 화학 작용으로 태어난 걸까요?

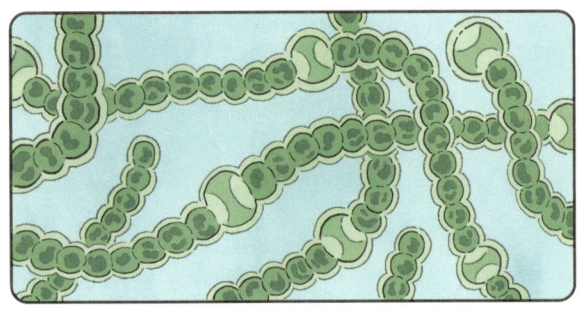

시간이 지나면서 박테리아들은 서로 결합해 녹조류가 되었고 바다를 점령했어요.

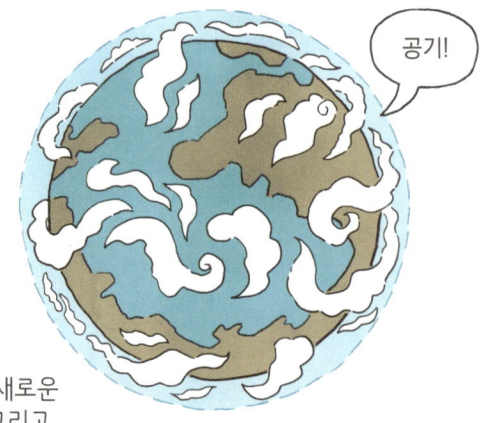

녹조류들은 자라면서 대기 중에 산소를 내보냈어요. 새로운 생명체가 태어나기 위한 최적의 조건이 만들어졌죠. 그리고 새로운 생명체가 나타났어요.

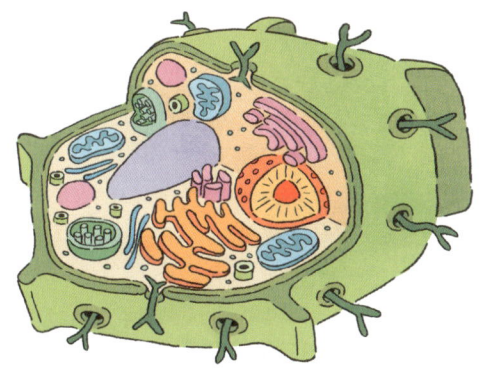
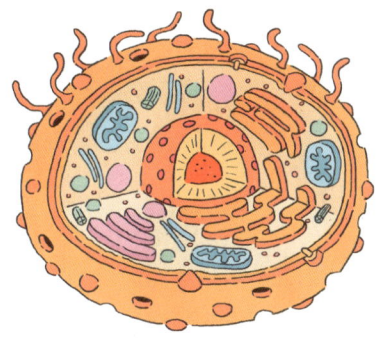

햇빛, 물, 무기질에서 영양분을 흡수하는 식물 세포가 태어났어요.

다른 생명체를 영양분으로 삼는 동물 세포가 태어났죠.

이때부터 생명체가 폭발적으로 증가했어요. 흔적이 발견된 몇 가지 동물을 살펴볼까요.

5억 8000만 년

몸이 물렁물렁한 이 작은 동물은 지렁이나 해파리를 닮았어요.

5억 4000만 년 전

포식자가 나타났어요. 가장 오래된 물고기로 알려져 있죠.

그렇다면 물에서 나온 최초의 동물은 무엇일까요? 등껍질이 있는 매우 작은 동물로 진드기류, 톡토기, 다족류, 반대좀 등이 있어요. 이 동물들은 작은 식물이 자라는 비옥한 땅을 차지했어요.

4억 년 전

퀴즈 최초의 동물은 무엇인가요?

A. 매우 작은 세포

B. 무서운 공룡

C. 물에서 사는 물고기

동물의 세계

공룡은 전부 사라졌나요?

그렇지 않아요. 여러분은 공룡과에 속하는 동물들에 둘러싸여 있어요. 어떤 동물일까요?

최초의 공룡이에요. 거북이나 악어 등 다른 파충류처럼 2억 3000만 년 전에 살았던 동물이지요. 다른 파충류와 달리 공룡은 곧은 다리를 가지고 있었어요!

걷거나 달리는 데 훨씬 더 편했어요. 시간이 지나면서 공룡들은 지구 전체에 서식했고, 그 수와 종류도 더 많아졌어요.

작은 공룡도 있고 매우 큰 공룡도 있어요. 어떤 공룡은 깃털로 덮여 있기도 해요.

1억 5000만 년 전에는 시조새라는 독특한 동물이 진화했어요. 시조새는 파충류처럼 이빨과 뼈로 된 꼬리가 있지만 새처럼 깃털과 큰 뇌를 가지고 있어요.

2000만 년 뒤에는 공자새 무리가 날아다녔어요. 공자새는 이빨은 없었고 시조새보다 더 잘 날았지요. 이 공룡들은 새에 속해요.

끔찍한 일이 일어났어요! 6600만 년 전에 아주 거대한 운석이 지구에 충돌했어요. 공룡의 세계는 혼돈에 빠졌지요.

지구가 두꺼운 먼지로 덮였어요. 햇빛이 차단되어 식물이 모두 죽고 충격에 살아남았던 초식 공룡도 사라졌어요.

곧이어 육식 공룡도 사라졌어요. 티라노사우루스 렉스의 최후라니!

그런데도 상어, 거북이, 악어, 도마뱀, 뱀, 포유류와 새 등은 살아남았어요.

수각류 공룡군에 속하는 새들은 오늘날에도 여전히 살아 있으며 약 1만 종이 있어요.

공룡의 후손인 닭에게 먹이를 주고 알을 모아 볼까요?

퀴즈 현재 살아 있는 동물 중 공룡은 무엇일까요?

A. 코뿔소
B. 갈매기
C. 카멜레온

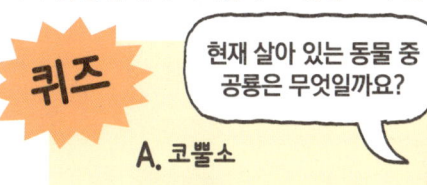

동물의 세계

다양한 개가 있는 까닭은 무엇일까요?

오늘날 크기와 털의 길이 등이 다른 350종 이상의 개가 있어요. 모두 같은 종이라고 믿기 어려워요.

개들의 외형은 매우 다양하지만, 모든 개의 조상은 늑대랍니다.

선사 시대에 늑대는 인간이 사는 곳에 접근해서 남은 식량을 훔쳐 갔어요. 인간들은 늑대의 새끼를 받아들이거나 잡아서 길렀죠.

늑대와 인간 모두에게 이득이었어요. 늑대는 사냥할 때 인간의 훌륭한 조력자였어요. 인간은 그 대가로 먹이를 주었고요. 서로가 서로를 보호했죠.

그런 다음 인간은 가장 유순하고 빠른 동물들을 훌륭한 사냥꾼이자 수호자로 선별했어요. 그 결과, 특수한 품종이 나타났어요.

시베리아허스키, 그레이하운드, 라사압소, 샤페이 등 '일하는 개'의 품종은 고대 시대에 길러졌어요.

유럽 르네상스 시대의 사람들은 반려견 품종을 길렀어요. 여성들과 아이들은 작은 스패니얼, 이탈리안 그레이하운드, 비숑 프리제 같은 개를 애지중지했지요.

오늘날, 개의 품종은 10개 그룹으로 분류됐어요. 원시 개, 가정견, 목양견, 사역견 등이 있어요.

하지만 개의 크기와 상관없이 개가 울부짖거나 뼈다귀를 땅에 묻었다가 나중에 먹는 모습은 이따금 개의 조상을 닮았어요. 개에게는 야생성이 조금은 남아 있어요!

퀴즈

모든 개는 어디에서 왔을까요?

A. 늑대
B. 여우
C. 매머드

동물의 세계

모기는 왜 피를 빨까요?

암컷 모기는 겨우내 나무 구멍에서 잠을 자다가 봄이 되면 날아가죠.

모기들은 힘을 얻으려고 꽃의 꿀을 빨면서 달콤한 과즙으로 첫 식사를 해요.

앵앵… 수컷은 날갯짓하며 암컷을 찾아내요. 두 모기는 공중에서 짝짓기를 하지요.

암컷 모기는 몸속 알을 키우기 위해 떠나요. 영양분으로 단백질이 필요하거든요. 어디서 찾을 수 있을까요? 바로 피에서 찾지요!

정원에 사람들이 있어요. 암컷 모기는 사람의 땀 냄새에 끌려오지요.

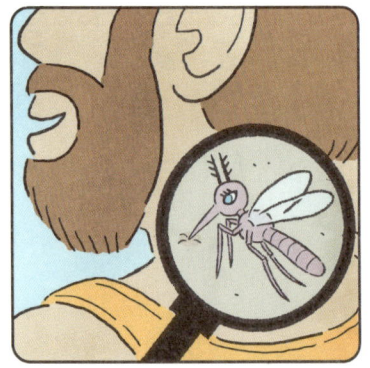

모기는 사람 몸에 몰래 앉아요. 콕콕! 모기는 작은 혈관을 찾아서 대롱 모양 주둥이를 찔러 넣어요.

찾았군! 모기는 피를 굳지 않게 하는 자신의 타액을 조금 넣은 뒤 자신의 몸무게만큼 피를 빨아들여요.

암컷 모기의 몸은 팽창해요. 하지만 살기 위해 얼른 도망가야 해요! 무거운 몸으로 멀리 날아가 피를 소화해요.

동물의 세계

돼지는 더러운 동물일까요?

오, 아기 돼지예요! 체험 교육 농장을 찾은 아이들은 분홍색 아기 돼지를 매우 귀여워해요.

그런데 아기 돼지는 뭘 하고 있죠? 어머, 진흙탕에서 뒹굴고 있어요!

더럽다고요? 아니에요! 돼지는 피부가 약해서 진흙이 햇빛 가리개 역할을 해요.

돼지는 땀을 흘리지 않기 때문에 진흙 목욕으로 더위를 식힐 수도 있어요.

또한 돼지가 몸을 긁으면 마른 진흙이 떨어지면서 이나 벼룩 같은 기생충을 밀어내 버려요.

사실, 돼지는 매우 깨끗해요. 태어나자마자 엄마에게 먹고, 자고, 용변을 보는 장소가 다르다는 걸 배워요.

진흙 목욕은 다른 동물들도 매우 좋아해요. 하지만 우리는 '하마는 더럽다.'는 말을 하진 않아요.

닭이 더럽다는 말도 하지 않죠! 다른 새들도 먼지 목욕을 하며 깃털을 씻고 기생충을 쫓아내요.

여러분 주변에 있는 개, 고양이, 조랑말도 땅에서 뒹구는 걸 좋아해요. 가려운 곳을 긁을 수 있고, 피로가 풀리니까요. 또한 윤기 나는 털과 함께 건강을 유지해 줘요.

퀴즈

돼지가 진흙에서 뒹구는 까닭은?

A. 엄마 돼지를 귀찮게 하려고
B. 하마로 변장하려고
C. 햇빛으로부터 자신을 보호하려고

동물의 세계

얼룩말은 왜 줄무늬가 있을까요?

무성한 풀이 있는 열대 초원 사바나에서 얼룩말들이 풀을 먹고 있어요. 줄무늬 덕분에 얼룩말은 쉽게 몸을 숨길 수 있어요.

암사자 한 마리가 다가와요. 무리에서 떨어진 어린 얼룩말을 찾아내요.

사자를 본 얼룩말들은 재빨리 모여서 도망가요. 얼룩말의 줄무늬는 섞여서 하나의 큰 덩어리로 보여요.

암사자는 얼룩말 한 마리를 제대로 알아보기 어렵고 어디를 공격할지 몰라요. 혼란에 빠져 결국 공격을 포기하지요.

휴! 어린 얼룩말이 엄마를 다시 만났어요. 어떻게 엄마를 알아볼까요? 당연히 줄무늬 덕분이지요. 왜냐하면 얼룩말은 저마다 다른 줄무늬 모양을 가지고 있기 때문이에요.

이 줄무늬 동물은 암소예요! 일본 과학자들은 암소에 그림을 그려서 줄무늬의 유용성에 대한 가설을 확인하려 했어요.

과학자들은 모기와 체체파리처럼 무는 작은 곤충에게 줄무늬 있는 털보다 무늬가 없는 털이 더 매력적이라는 결론을 내렸어요.

혹시 줄무늬 있는 다른 동물을 아나요? 얼룩말이 가장 유명하지만 파충류, 물고기, 새 중에도 줄무늬가 있어요. 몸 윤곽선이 드러나지 않아 눈에 잘 띄지 않아요.

큰 고양잇과 동물의 경우, 호랑이만 줄무늬가 있어요.

작은 동물 중에는 고양이에 줄무늬가 있어요. 잘 보이나요?

이렇게 하면, 잘 안 보여요!

퀴즈

얼룩말은?

A. 모두 같은 줄무늬가 있어요.

B. 모두 다른 줄무늬가 있어요.

C. 하트 무늬가 있는 얼룩말이 있어요.

동물의 세계

도마뱀이 꼬리를 자르는 까닭은 무엇일까요?

도마뱀 한 마리가 정원 담벼락에서 가만히 햇볕을 쬐고 있어요.

고양이가 살금살금 다가와요. 고양이는 새, 들쥐, 곤충, 도마뱀 같은 작은 먹잇감을 노려요.

이런, 잡혔어요!

어쩔 수 없네요. 살기 위해서 도마뱀은 반사적으로 꼬리의 특수한 근육을 매우 세게 수축시켜요. 투둑! 꼬리는 한 번에 끊겨요.

도마뱀은 얼른 도망가서 숨어요. 상처에서 피도 나지 않고 건강해요.

고양이는 도마뱀이 도망가게 돼요. 마치 작은 뱀처럼 여전히 파닥거리는 꼬리를 갖고 노느라 정신이 없어요.

도마뱀 꼬리는 한두 달 내에 다시 자라요. 하지만 예전 꼬리 같지 않아요. 더 작고 문양도 없지요. 가끔 두 개가 자라기도 해요.

살기 위해 자신의 몸 일부를 스스로 포기하는 것(꼬리가 어딘가에 끼었을 때도)을 '자절'이라고 해요. 동물에게서 흔히 볼 수 있어요.

설치류(들쥐, 데구, 회색다람쥐)는 마치 양말처럼 자신의 꼬리 피부를 떼어 버려요. 피부가 벗겨진 부분은 말라서 떨어지지만 꼬리가 다시 재생되지는 않아요.

거미, 게, 대벌레는 다리를 한 개에서 여러 개 잘라낼 수 있어요. 만약 완전한 성체가 아니라면 잘린 다리들은 다시 생기고 허물을 벗으면서 크기도 커져요.

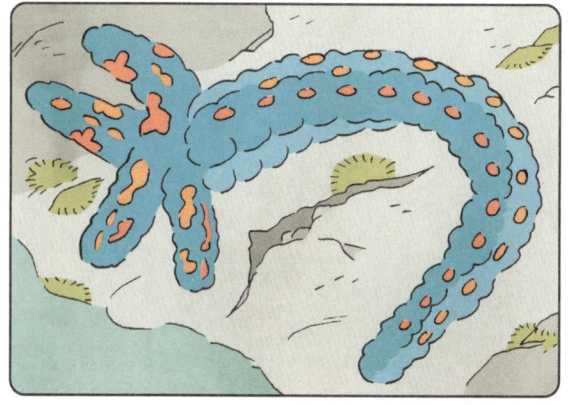
불가사리는 대개 팔이 다섯 개지만, 가장 큰 팔 한 개만 본래의 것이고 나머지 네 개는 재생한 거예요. 재생하는 단일 팔을 '혜성'이라고도 불러요.

퀴즈

일부 동물이 위기를 벗어나기 위해 몸 일부를 스스로 끊는 것을 무엇이라 하나요?

A. 자율성
B. 자립심
C. 자절

동물의 세계

대벌레가 나뭇가지를 닮은 이유는 무엇일까요?

포식자를 조심해요! 곤충은 다른 곤충, 거미, 새, 파충류, 포유류 등에게 잡아먹힐 수 있어요. 사방에 위험이 도사리고 있어요.

다행히도 대벌레에게는 무기가 있어요. 위장술의 대가인 대벌레는 자신이 사는 곳 주변 환경과 완벽히 닮았어요. 예를 들어볼까요.

잔가지(가시가 있든 없든!)

나뭇잎

나무껍질

이끼

똑똑해요! 몸을 완전히 숨기기 위해 대벌레는 낮 동안 움직이지 않아요. 이동하려면 가볍게 살랑거리며 앞으로 나가요. 마치 나뭇가지나 바람에 흔들리는 나뭇잎 같은 착각을 일으키기 위해서지요.

대벌레는 몸 색깔도 바꿀 수 있어요. 밤에는 어둡게, 봄에는 초록색으로 가을에는 갈색으로 바뀌어요.

동물의 세계

나무늘보는 왜 느릴까요?

나뭇잎을 먹고 사는데, 나무에서 산다면 급할 일이 없어요.

먹이를 찾기 위해 팔을 천천히 뻗기만 하면 되니까요.

나무늘보는 발톱으로 나뭇가지를 붙잡고 머리를 아래로 향한 채 천천히 앞으로 이동해요. 하루 평균 38m 움직이는데 올림픽 수영장 길이에도 못 미치는 거리예요.

나무늘보는 중앙아메리카와 남아메리카 숲의 나무 꼭대기에서 볼 수 있어요.

나뭇잎을 먹고 얻을 수 있는 에너지는 너무 적어요. 그래서 나무늘보는 체온 조절을 위해 힘을 비축해야 해요.

나무늘보는 모든 부분에 있어서 느려요. 호흡, 심장 박동, 소화까지도요.

가끔 배변을 해야만 하죠. 일주일에 한 번, 나무늘보는 나무에서 살살 내려와 나무 아래에서 볼일을 보지요.

땅에 내려오는 일은 정말 위험해요. 나무늘보는 포식자들이 어슬렁거리는 땅에서는 더욱 서투르거든요.

나무에 다시 올라가면 거대한 부채머리수리만이 두려운 존재지요. 운이 좋게도 나무늘보의 느린 움직임 덕분에 부채머리수리의 눈을 피할 수 있어요.

숲은 습하기 때문에 나무늘보의 털에는 조류가 자라 털이 초록색으로 보여요. 정말 완벽한 위장술이에요!

나무늘보가 느린 이유는?

A. 달팽이 사촌이기 때문에
B. 먹이에 둘러싸여 살기 때문에
C. 추위로 겨울잠을 자기 때문에

퀴즈

동물의 세계

철새는 어떻게 길을 찾을까요?

지피에스(GPS)가 없어도 철새 100여 종은 겨울과 여름을 보내기 위해 매년 수천 킬로미터의 여행을 떠나요.

제비는 아프리카에서 추운 겨울을 보내고 봄이 되면 유럽으로 돌아와 둥지를 틀고 알을 낳아요.

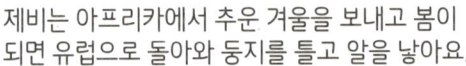

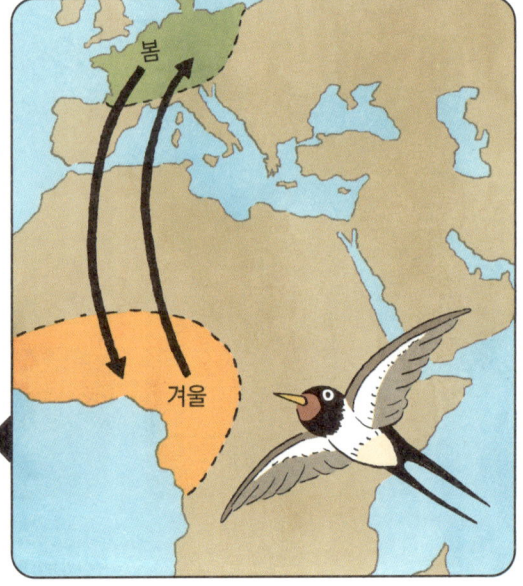

황새도 똑같아요. 다만 서쪽 서식지의 황새 개체군과 동쪽 서식지의 황새 개체군은 서로 다른 경로로 이동해요.

새들은 어리석지 않아요. 철새들은 사막과 바다 위를 날아 이동하는 걸 최대한 피해요. 너무 위험하고 지치거든요.

그렇다면 철새들은 길을 어떻게 찾을까요? 새들은 태양의 위치를 보고 길을 찾는다고 해요.

밤에는 별의 위치를 보고 찾고요.

철새들은 산, 강, 도로, 다리 같은 눈에 보이는 지표도 사용해요.

냄새도 도움이 돼요. 바람에 실려 오는 향은 새들이 방향을 잡을 수 있도록 돕지요.

철새 부리에 있는 자철석 결정은 나침반 역할을 하여 북쪽을 찾을 수 있도록 해요.

물론, 학습도 중요해요. 처음으로 이동할 때는 어른 새를 따라가는 게 좋아요.

가장 이동을 많이 하는 철새는 북극제비갈매기예요. 북극제비갈매기는 짧은 여름을 보내기 위해 북극과 남극을 계속해서 오가요. 매년 8개월을 비행하는 셈이죠. 참 존경스럽네요.

퀴즈

철새는 이동을 위해 어떤 감각을 사용하나요?

A. 시각
B. 촉각
C. 후각

동물의 세계

고래가 노래를 부른다고요?

많은 동물이 소리를 내요.

하지만 노래를 부르는 생명체는 단 3종밖에 없어요. 소리와 노래의 차이요? 노래는 다양한 소리가 연속적으로 이어져 구성돼요. 그리고 동물이 기억하고 반복하지요.

혹등고래 수컷은 몇 시간 동안 낮은 소리로 노래를 불러요. 그 소리는 해저 수십 킬로미터까지 퍼져 나가요.

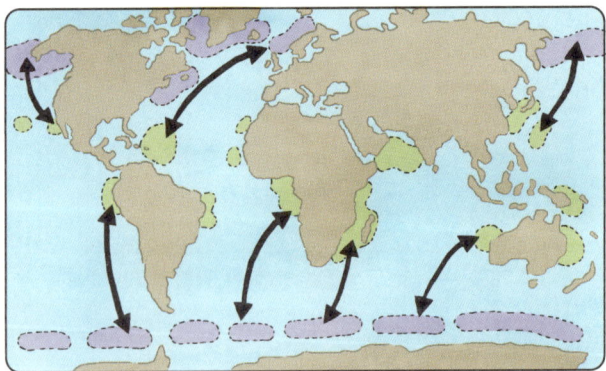

혹등고래는 몸집이 큰 고래류에 속하며 겨울에는 극지방의 크릴새우를 먹고 살며 여름에는 더 따뜻한 물에서 번식해요.

과학자들의 가설에 의하면 수컷 혹등고래는 노래를 통해 암컷 고래에게 자신의 체격, 나이, 건강 상태 등의 정보를 준대요.

노래를 부르면서 주위에 있는 다른 수컷 경쟁자에게 경고하기도 해요.

날카로운 소리, 삐걱거리는 소리, 가르랑거리는 소리 등으로 이루어진 고래의 노랫소리는 우리가 듣기에는 아름답지 않아요. 하지만 연습을 매우 많이 한 거예요.

노래도 변해요. 해마다 뉴질랜드 가까운 곳에는 다른 지역에서 몰려온 고래들이 모여서 함께 노래를 부르며 뛰어올라요.

해양학자들은 수중 청음기, 수중 마이크로 이 신비스러운 소리를 녹음해요.

해양학자들은 드론으로 혹등고래를 촬영하면서 노래와 동물의 행동 사이의 관계를 찾으려고 노력했어요. 혹등고래는 노래를 불러요. 그 노래의 의미는 정확히 무엇일까요?

한 가지 확실한 사실은 고래와 인간 사이의 언어 사전은 쉽게 이루어질 일이 아니라는 거죠.

퀴즈

다음 중 노래하지 않는 동물은 누구일까요?

A. 고래

B. 새

C. 매미

동물의 세계

도시에도 야생 동물이 있나요?

시골이든 도시든 모든 집에는 거미, 파리, 좀, 그리마 등 작은 야생 곤충들이 있어요.

더 큰 종도 우리 주변에서 살고 있어요. 비둘기, 참새는 물론이고 생쥐, 들쥐, 박쥐, 다람쥐, 담비 등이 있지요. 우연한 일이 아니에요.

도시에 살면 은신처가 많고 새가 앉을 수 있는 홰도 흔히 볼 수 있어요.

겨울에는 더 따뜻하고요.

늘 기다리면 남은 음식들을 얻을 수 있죠.

넓은 자연공원은 시골을 떠올리게 하지만, 실제 자연보다 포식자들이 적어요.

그래서 최근 몇 년 전부터 도시에서 여우들이 보이기 시작했어요. 런던에는 1만 마리가 넘는다고 해요.

면적이 넓은 대도시 베를린에는 100여 마리의 멧돼지들이 떠돌아다녀요.

파리도 야생 동물들이 나타나는 곳이 늘어나고 있어요. 이미 야생 동물 1600종이 살고 있어요.

도심이 조용할수록 동물들이 더 많이 접근해요. 2020년 코로나19 격리 기간 동안 프랑스 대도시에는 늑대가 나타났고, 미국 쇼핑센터에는 악어가 나타났어요!

다음 중 유럽 도시에 나타난 야생 동물은 무엇일까요?

퀴즈

A. 판다
B. 황제펭귄
C. 늑대

동물의 세계

이웃집 고양이가 우리 집 마당에 오줌을 싸는 까닭은 무엇일까요?

고양이는 영역 동물로 자신의 영역을 다른 누군가로부터 보호해요.

고양이의 영역은 세 부분으로 범위가 정해져요. 첫 번째는 휴식 공간으로, 주위에 영역을 표시하려고 배변을 많이 해 둬요. 고양이 은신처로 접근 금지 구역이에요.

두 번째는 산책 영역으로 매일 순찰해요. 고양이가 아는 이웃이라면 괜찮지만 불청객이라면 싸움 주의!

마지막은 사냥 영역으로 범위가 넓고 먹이의 흔적을 추적하는 곳이죠. 사냥 영역은 너무 넓어서 개인의 공간이 될 수 없어요. 다른 고양이들과 공유해야 해요.

그렇다면 자신의 영역을 어떻게 정할까요? 실내에서는 고양이가 머리를 문질러서 물건이나 사람의 다리에 자신의 냄새를 남겨요. 이 표시는 고양이를 진정시켜요.

밖에서도 같은 행위를 하지만 눈에 보이게 발톱 자국을 내서 표시하기도 해요.

때때로 오줌을 싸서 냄새로 영역을 표시해요. 대개 수컷들이 하는 표시로 악취가 너무 심해요.

만약 이웃집 고양이 나비가 여러분 집 정원에 오줌을 누러 오면 그건 정원이 자신의 소유지에 속한다고 여기는 거예요.

보통 수컷의 영역이 암컷의 영역보다 더 넓어요. 시골에서는 고양이 한 마리의 영역이 8천 제곱미터에 이르러요. 도시에서는 영역이 훨씬 좁고 주로 담벼락에 의해 경계가 정해져요.

퀴즈

고양이는 다음 중 어떤 동물일까요?

A. 떠돌아다니는
B. 영역을 가지는
C. 게으른

동물의 세계

아프리카코끼리는 왜 큰 귀를 가지고 있을까요?

육지에서 사는 몸집이 가장 큰 동물은 알아보기 쉬워요. 기다란 코와 상아가 있고 커다란 귀를 갖고 있지요.

크기가 정말 엄청나요! 수컷 코끼리의 귀는 높이가 150cm 이상으로, 코끼리 몸높이의 절반 가까이 돼요.

아프리카코끼리의 귀는 다른 포유류처럼 원뿔 모양이 아니지만, 소리 진동은 매우 잘 포착해요.

코끼리의 귀는 에어컨 역할도 해요. 코끼리는 귀를 펄럭이면서 혈액 온도를 낮춰요. 이때 몸의 열기를 담은 혈액이 귀에 있는 혈관을 따라 지나며 시원해져요.

펄럭펄럭 코끼리는 귀를 좌우로 흔들어 부채질하면서 주변을 도는 작은 곤충들을 내쫓아요. 왜가리는 그 상황을 이용해서 곤충들을 잡아먹지요.

큰 귀는 아주 실용적이에요. 적을 향해 돌격할 때 위협적으로 보일 수 있어요.

그럼 아시아에 사는 코끼리는 어떤가요? 아프리카코끼리와 비교해서 귀가 초라할 정도로 작아요.

사실, 아시아코끼리는 다른 종으로 숲에서 살아요.

울창한 숲에서 큰 귀는 쓸모없어요. 오히려 나무에 걸리거나 다른 동물을 다치게 할지도 몰라요.

몇몇 코끼리들은 귀를 이용해서 하늘을 날 수 있어요. 농담이에요! 아기 코끼리 덤보야, 그렇지?

퀴즈

코끼리의 큰 귀는 어떤 일을 하나요?

A. 체온을 조절해 줘요.
B. 생쥐에게 겁을 줘요.
C. 배변 처리를 도와줘요.

동물의 세계

침입 외래종은 무엇일까요?

새로운 환경에 나타나서 생태계 균형을 위협하는 외래종이에요. 예를 들면, 2004년에 중국에서 온 아시아 말벌이 꿀벌을 말살한 사건이 있었어요.

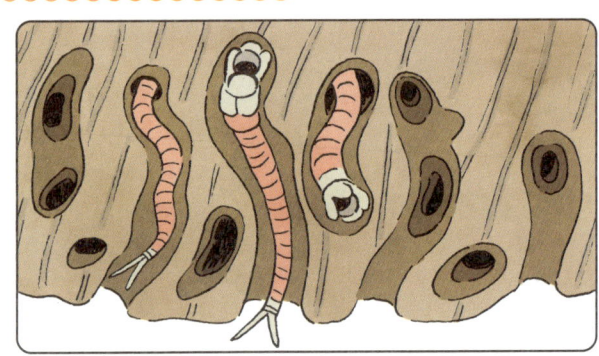

침입 외래종의 이야기는 새로운 게 아니에요. 300년 전에도 카리브해의 바닷지렁이와 좀조개가 네덜란드 배를 파손했어요.

오늘날 외래종은 배의 균형을 유지하려고 배 바닥에 싣는 바닷물, 즉 밸러스트를 통해 들어와요. 바다의 한 곳에서 퍼 올린 바닷물은 다른 장소에서 배출되는데 이때 바닷물에 있던 작은 동물들도 함께 배출돼요.

아시아에 서식하는 흰줄숲모기는 오래된 타이어들과 함께 유럽에 들어왔어요. 병을 옮기는 매개체로 여러 나라에 침투했어요.

사람이 잘못한 예도 있어요. 1859년, 한 영국인이 오스트레일리아에 토끼 24마리를 들여왔어요. 오늘날, 이 토끼 2억 마리가 호주 전체에 퍼져 있어요.

뉴트리아도 비슷한 경우예요. 예전에 사람들은 털을 얻으려고 뉴트리아를 길렀어요. 그러다가 유행이 지나가고 풀려난 뉴트리아가 계속 번식하면서 큰 피해를 입혔어요.

수천 종의 침입자들이 있어요. 이들의 공통점은 저항력이 강하고, 번식력이 매우 빠르며 토착종에게 매우 공격적이라는 거예요. 침입종들은 먹이와 영역을 빼앗지요.

더 심각한 건 침입종이 치명적인 바이러스를 옮긴다는 거예요. 회색큰다람쥐가 옮긴 바이러스 때문에 영국의 붉은 다람쥐가 사라지고 있어요.

침입 외래종과의 싸움은 매우 어려워요. 생태계의 균형이 깨지면 되돌리는 것은 거의 불가능해요.

그렇다고 너무 절망하지 말아요. 유입된 10종 가운데 9종은 아무런 피해를 주지 않아요. 고양이도 원래 이집트에서 들어왔고 말도 중앙아시아에서 왔어요.

퀴즈

다음 중 유럽에 들어온 침입 외래종은 무엇인가요?

A. 타조
B. 아시아 말벌
C. 말

지구의 인간

인간은 동물인가요?

수수께끼 : 인간과 침팬지, 비버와 생쥐 사이의 공통점은 무엇일까요?

정답은 모두 포유류. 약 6500종의 다른 포유류처럼 인간은 털이 있고 혈액을 따뜻하게 유지하며 수유를 해요.

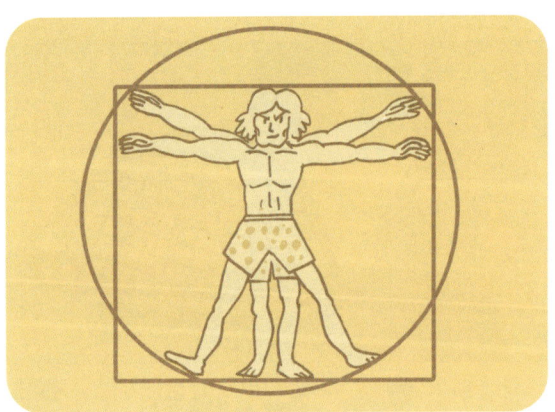

사실 인간은 206개의 뼈를 600개의 근육이 조정하는 매우 완벽한 신체를 갖고 있어요.

사실 다른 생물도 같은 얘기를 할 수 있어요. 왜냐하면 각 생물은 주변 환경에 완벽히 적응하기 때문이에요.

요컨대 물리적인 측면에서 인간은 동물에 속해요. 인간의 사촌이라 불리는 침팬지와 유전자 98%가 유사하다고 해요.

그렇다면 동물과 인간의 차이점은 무엇일까요? 두 발이 있고, 두 다리로 이동한다는 점인가요? 하지만 타조도 그렇게 할 수 있어요.

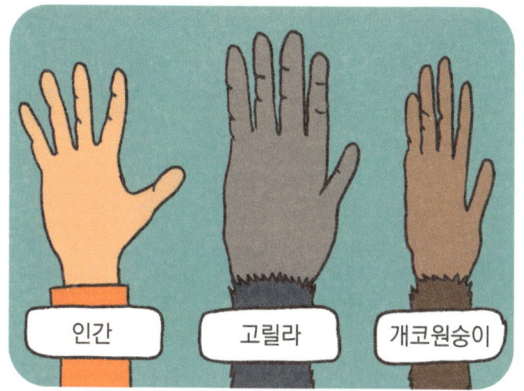

엄지손가락 방향이 다른 손가락들과 반대여서 무엇이든 잡을 수 있는 우리의 손이 놀랍지 않나요? 하지만 유인원들도 거의 비슷해요.

그럼 뇌를 살펴볼까요? 인간의 뇌 무게가 1.4kg라니 놀랍지요. 하지만 코끼리 뇌는 6kg이고 뉴런도 훨씬 더 많아요.

인간은 당연히 언어로 의사소통을 해요. 하지만 더듬이로 정보를 교환하는 개미 두 마리도 자신들의 '언어'가 있어요.

감정을 느끼고 도구를 사용하는 것 역시 동물들도 할 수 있어요.

반면에 이야기를 만들어내고 그 이야기를 글로 남기는 행위는 인간만이 할 수 있어요. 이는 우리 문화와 발전의 토대가 되었죠. 사실 인간의 특징은 항상 모든 것을 알고 싶어 한다는 거예요!

인간은 어떤 동물인가요?

A. 포유류
B. 파충류
C. 양서류

퀴즈

지구의 인간

인간은 한 종류만 존재하나요?

우리 인간은 모두 달라요. 하지만 인간은 라틴어로 '지혜로운 사람'을 뜻하는 호모 사피엔스라는 종에 모두 속해요.

현생 인류는 어떻게 시작되었을까요? 700만 년 전, 같은 조상에서 나온 두 계통이 각각 인간과 유인원으로 나뉘었어요.

2002년 차드에서 발견된 머리뼈의 주인 투마이는 700만 년 전에 살았어요. 오늘날 가장 오래된 고인류로 알려졌어요.

시간을 앞당겨 볼까요. 호모 하빌리스는 280만 년 전에 살았던 가장 오래된 사람 속(屬) 고인류예요. 최초로 도구를 만들어 사용했어요.

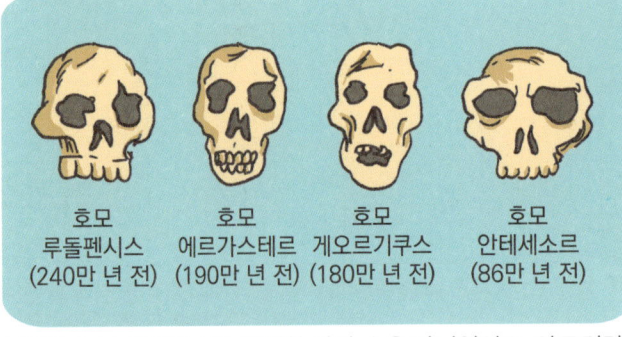

하지만 호모 하빌리스가 유일한 사람 속은 아니었어요. 아프리카, 유럽, 아시아에도 많은 인간 종이 있었어요.

모로코에서 찾아낸 화석에 비추어 호모 사피엔스는 30만 년 전에 나타났을 거예요.

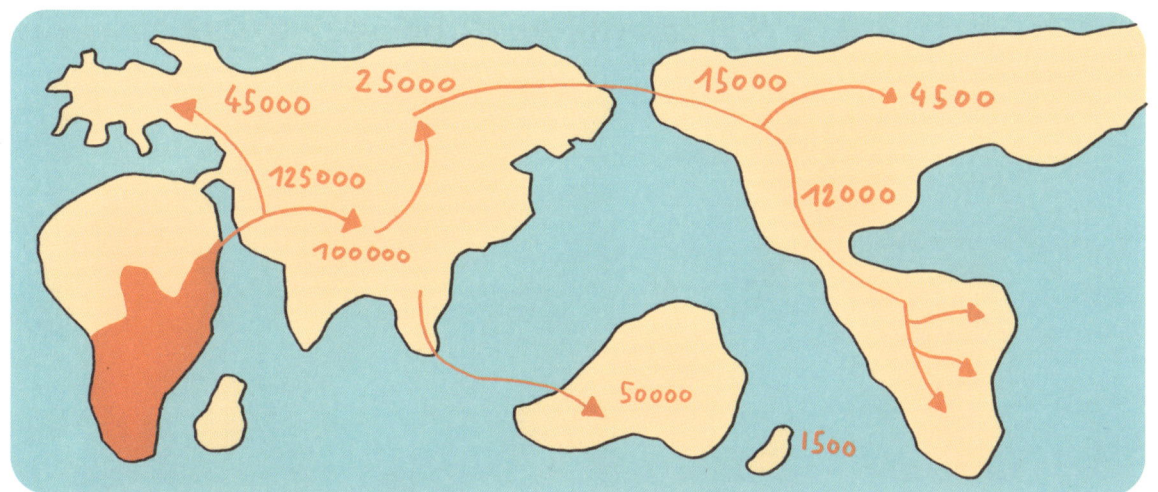

아프리카에서 이 똑똑하고 모험심이 풍부한 종이 나타나 전 대륙으로 진출했어요.

호모 사피엔스는 이동하면서 다른 인간 종들을 만났어요. 유럽에서는 네안데르탈인을, 아시아에서는 데니소바인을 만났어요.

그런데 왜 지금은 단 한 종만이 남은 걸까요? 호모 사피엔스가 다른 종을 죽였을까요? 공간도 넓고 사냥감도 충분했을 텐데 이상해요!

사실, 인간 유전자 연구에 따르면 몇몇 종들은 서로 섞였다고 해요. 모두가 그렇고말고요. 여러분도 네안데르탈인의 흔적이 약간 있을 수도 있어요.

인간과 원숭이 계통은 언제 분리됐나요?

A. 700년 전
B. 700만 년 전
C. 2012년 4월 1일

97

지구의 인간

인간이 동물만큼 털이 없는 까닭은 무엇일까요?

사실 우리 몸에서 털이 없는 유일한 부위는 손바닥, 발바닥, 손톱뿐이에요.

그 밖의 우리 몸 곳곳에 털이 있어요. 총 400만에서 500만 개로 많아요. 하지만 털이 아주 가늘어서 늘 눈에 보이진 않아요.

얼굴에 털이 가장 많아요. 15만 개의 머리카락을 포함해 100만 개의 털이 있죠. 그런데 우리 인간은 왜 다른 곳이 아닌 머리에 털이 있을까요?

아주 오래된 이야기예요. 약 200만 년 전에 아프리카에서 숲이 줄어들었어요. 우리의 조상은 조금씩 환경을 바꿔 대초원에서 진화했어요.

털로 덜 덮일수록 땀이 더 잘 배출됐어요. 하지만 머리의 털은 계속해서 햇빛으로부터 피부를 보호했어요.

얼굴에 있는 다른 털들도 유용해요. 눈썹은 이마에서 흘러내리는 땀을 막아 줘요. 속눈썹은 눈을 보호하고 코털은 먼지, 곤충, 세균을 걸러내요.

동물 세계에는 다소 풍성한 털을 갖고 있는 것이 관례처럼 여겨져요. 동물들이 털의 용도를 설명해 줄 테니 함께 들어 봐요.

지구의 인간

어떻게 다른 언어들이 생겨났을까요?

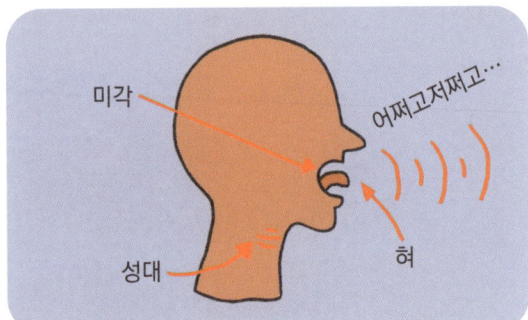

어쩌고저쩌고… 우리는 하루 평균 6시간을 대화하는 데 보내요. 인간의 비밀이라면 성대가 매우 발달해 발음을 도와준다는 거예요.

네안데르탈인처럼 다른 인간 종은 아마 언어를 사용했을 거예요. 하지만 그들이 사용한 언어의 흔적을 찾지 못했어요.

호모 사피엔스인 우리는 원래 언어가 한 개였나요? 어쩌면요, 하지만 여러 개의 언어가 다양한 장소에서 나타났을 거로 생각해요.

예를 들어, 바스크에서 사용하는 바스크어 또는 에우스카라어는 고어로 다른 언어와 전혀 유사하지 않아요. 어떻게 생겨났는지 아무도 모르지요.

오늘날 세계에는 6000개가 넘는 언어가 사용되고 있어요. 가장 많이 사용되는 언어 5개를 살펴봐요.

언어학자들은 언어를 어족으로 분류해요. 프랑스어는 60개의 언어가 속한 인도·유럽 어족에 속해요. 그래서 일부 단어가 매우 유사해요.

이 어족의 기원으로 오늘날 사라졌지만, 러시아 초원 지대에서 8000년 전에 사용됐던 언어가 존재했으리라 생각해요.

서로를 잘 이해하기 위해 단일 언어를 만들었을까요? 국제 보조어 에스페란토로 시도했었지만 성공은 제한적이었어요!

오늘날 우리는 오히려 언어를 보호하려고 애써요. 매년 20여 개의 언어가 사라지고 있어요. 그 언어를 말하는 사람이 충분하지 않기 때문이에요.

북아메리카 인디언 언어의 대부분이 사라질 위험에 처해 있어요. 안타까워요. 언어도 세상을 바라보는 한 가지 방식이기도 하거든요.

좋은 생각이 있어요. 자신의 언어를 제대로 익히는 거예요. 프랑스어에는 단어가 80만 개나 되지만 일상에서 사용하는 단어는 약 5000개에 지나지 않거든요.

퀴즈

프랑스어가 속한 어족은 무엇일까요?

A. 인도·유럽 어족

B. 아프로·아시아 어족

C. 고양이 어족

지구의 인간

아직 알려지지 않은 민족이 있을까요?

현대인과 현대 세계의 번잡스러움과는 거리가 먼…

…작은 씨족으로 고립되어 사는 사람들이 있어요. 그들은 모두 합쳐도 몇천 명이지요.

이 집단은 주로 파푸아, 브라질과 페루의 경계 지역에 살고 있으며 이 지역은 나무가 매우 무성한 숲이에요. 그들은 유목 생활을 하거나 마을에서 정착 생활을 하기도 해요.

수렵, 채집 또는 경작을 하면서 살아가요. 이 민족들은 수천 년 이어진 삶의 방식으로 살고 있어요. 약초를 잘 알고 있으며 야생 꿀을 채취하면서 살지요.

하지만 그들의 삶이 매우 위협받고 있어요. 대기업은 그들이 사는 곳의 나무를 베어 경작지와 가축 사육지로 개발하려고 해요.

그들은 또한 목재 밀매업자나 불법 금 채굴자들에게 공격을 받을 수도 있어요.

그 부족들을 만나러 가는 것은 피해야 해요. 독감이나 수두 같은 우리에게 흔한 질병도 그들의 생명을 앗아갈 수 있어요.

어떤 부족들은 모든 접촉을 거부해요. 그 예가 바로 벵골만에 있는 작은 섬의 부족민들이에요. 센티넬인들은 6만 년 동안 그곳에서 독립적으로 살았어요.

북센티넬섬이 속한 인도는 센티넬인들에게 5km 이상 가까이 접근하는 것을 금지하고 있어요. 부족민들이 불청객들을 화살로 쏘아 죽인 사례가 있기 때문이에요.

우연히 아직 알려지지 않은 사람들을 찾아내기도 해요. 많은 단체가 이런 사람들의 삶의 방식이 존중되도록 오래전부터 투쟁하고 있어요.

퀴즈

고립된 사람 집단을 뭐라고 부르나요?

A. 방황하는 부족

B. 사라진 부족

C. 접촉하지 않는 민족

지구의 인간

가장 장수한 사람은 누구일까요?

믿을 수 있는 출처에 따르면 가장 오래 산 여성은 프랑스인 잔 칼망이에요. 그녀는 122년 5개월 14일을 살고 세상을 떠났어요.

1897~2013년 : 남성은 일본인 기무라 지로에몬으로 116세라는 기록을 세웠어요. 그가 세상을 떠날 때 직계 후손이 무려 57명이나 됐지요.

숫자를 정확히 세기는 어렵지만, 세계에는 백 살이 넘는 사람의 수가 50만 명 정도 있어요. 110세가 넘는 사람들은 '초백세인(슈퍼센티네리언)'으로 불려요.

장수의 비결은 무엇일까요? 초백세인들은 저마다 자신만의 비법이 있어요. 적게 먹거나 퍼즐을 즐기고, 건강 주스를 마셔요.

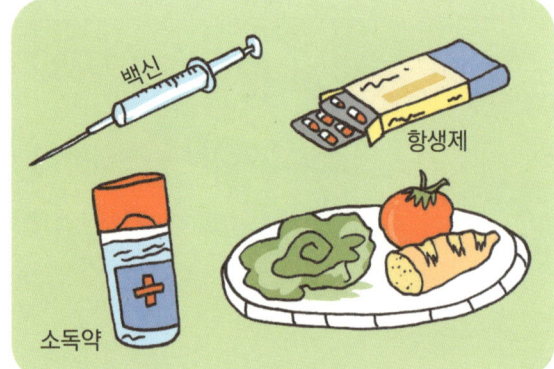

사실, 기대 수명은 20세기에 전반적으로 높아졌어요. 의학과 위생이 발달하고 영양 섭취가 좋아졌기 때문이에요.

옛날에는 천연두, 홍역, 치아 염증으로 인한 감염이 몸에 퍼져 죽었어요.

많은 여성이 출산 과정에서 목숨을 잃었고, 많은 아이가 아주 어린 나이에 세상을 떠났지요.

안도라 : 89.1세   일본 : 84.5세   프랑스 : 82.7세   미국 : 78.9세   중국 : 76.7세   에스와티니 왕국 : 46세

오늘날에는 여전히 큰 불평등이 존재하지만, 치료를 받고 식수와 건강에 좋은 음식이 보장되어 기대 수명이 높아졌어요.

생물계에서는 인간이 완패를 당했어요. '밍'이라는 북대서양에 살던 백합조개는 채집 당시 무려 507세였어요.

카리브해 연안에 서식하는 아주 작은 해파리 '투피토프시스 누트리쿨라'는 이론적으로 무한히 생명을 반복할 수 있어요. 성체가 되면 다시 미성숙 상태로 돌아가거든요. 생명이 무한 반복되는 셈이지요.

퀴즈

110세가 넘은 사람들을 무엇이라고 부르나요?

A. 초백세인 (슈퍼센티네리언)

B. 초고대인

C. 미라

지구의 인간

초능력은 존재할까요?

만화나 영화에서 영웅은 하늘을 날고 눈에 보이지 않으며 산을 들어 올리기도 해요. 실제 삶에서는 불가능하지요! 그런데도…

소수의 인간에게서 초인적인 능력이 발견돼요. 독일 여성 베로니카 사이더는 세계에서 시력이 가장 좋은 사람으로 1.6km 떨어진 거리에서 사람을 알아봤어요.

베트남 농부 타이 응옥은 1970년부터 잠을 자지 않았어요. 대개 잠을 자지 못하면 사람은 약 10일 이내에 죽어요.

정신적 초능력을 가진 사람도 있어요. 미국인 킴 픽은 책을 읽을 때 동시에 왼쪽, 오른쪽 눈으로 각각 두 페이지를 읽을 수 있어요. 더욱 놀라운 건 읽은 내용을 기억한다는 거예요.

인도의 샤쿤탈라 데비는 15자리 숫자 두 개의 곱셈식을 단 28초 만에 풀었어요.

뇌의 능력은 어디까지일까요? 믿어지지 않는 일이 일어나지만, 과학적으로 이 질문에 아직 완전히 대답할 수 없어요.

명상을 통해 훈련하면 '아이스맨'으로 불리는 네덜란드인 윔 호프처럼 누구나 추위를 느끼지 않을 수 있어요.

고행자들은 못이 박힌 바닥에 어떻게 앉아 있을 수 있을까요? 고도의 집중력을 이용해서 몸을 조절하는 능력의 한 예랍니다.

때때로 장애 때문에 어떤 특별한 능력이 개발되기도 해요. 시각 장애인들은 자신의 혀로 딱 딱 소리를 낸 뒤 반사되는 메아리를 듣고 위치를 확인해요.

결론적으로 초능력을 가지고 태어나거나(매우 드물어요) 훈련을 통해 획득하는 사람도 있지요. 올림픽 챔피언이 그렇지 않을까요?

여러분도 초능력을 바라겠지요. 하지만 여러분이 재미있고, 착하고 주의 깊은 사람이라면 이미 이룬 거예요!

퀴즈

몇몇 고행자들의 타고난 능력은 무엇일까요?

A. 30초 만에 방 정리하기

B. 숨쉬기를 완전히 멈추기

C. 못이 박힌 바닥에 앉기

지구의 인간

지구의 어디에나 사람이 사나요?

당연히 아니에요! 우선 지구는 바다가 가장 큰 부분을 차지해요. 그곳에 사람은 보이지 않지요.

비옥한 땅도 환경이 이따금 좋지 않아요. 덥거나 추운 사막처럼 어떤 지역은 사람이 그저 지나가기만 할 뿐이에요.

밀림에는 작은 원시 부족민들만 살아요. 아프리카의 피그미족이 그 예지요.

산꼭대기나 담수가 없는 섬에서는 살아갈 수 없어요.

때때로 작은 곤충 때문에 위험해지기도 해요. 체체파리는 수면병을 전파해 오랫동안 아프리카 전 지역에 사람이 살 수 없게 했어요.

끔찍한 사고 때문에 어떤 지역에 접근이 금지될 수도 있어요. 1986년 체르노빌(우크라이나) 원전 폭발로 한 지역 전체가 폐쇄됐어요.

그렇다면 사람들은 어디에 모여 사나요? 보통 평야, 강이나 해안을 따라 모여 살아요. 토지를 경작하고 이동하는 데에 더 편리하기 때문이에요.

알렉산드리아

항상 그랬어요! 사람들이 가장 많이 살았던 고대 중심지는 오늘날에도 인구 밀집 지역이에요.

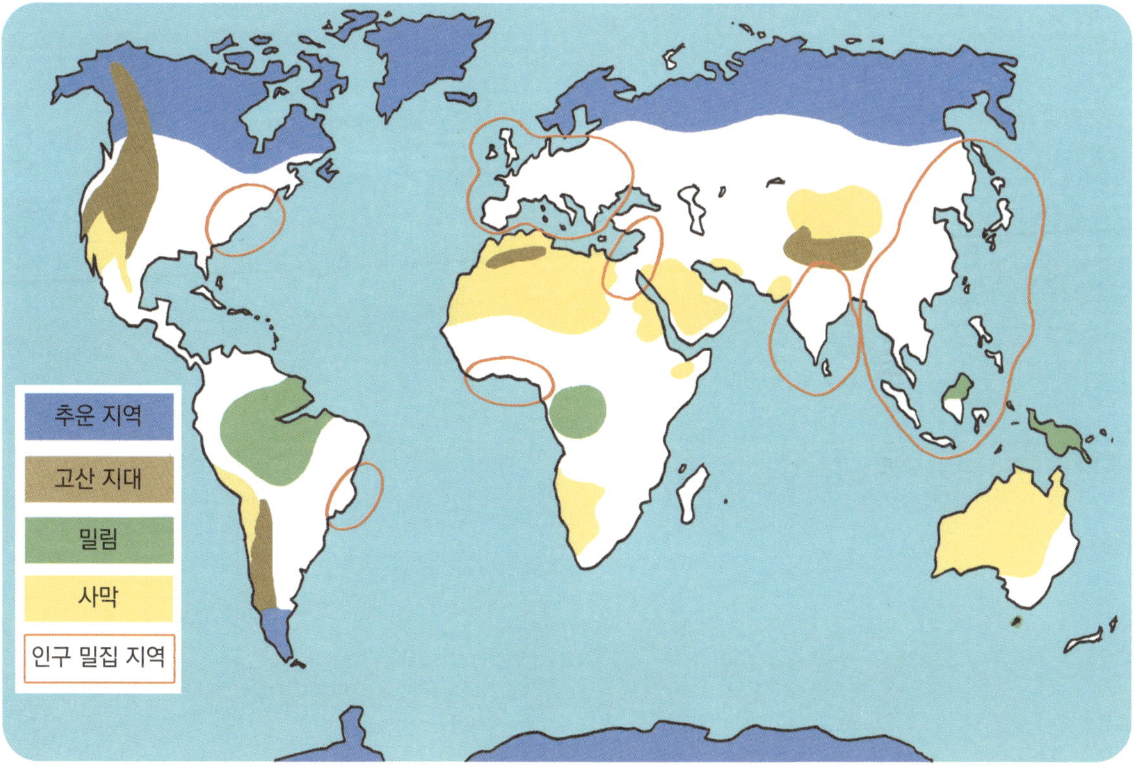

- 추운 지역
- 고산 지대
- 밀림
- 사막
- 인구 밀집 지역

오늘날 지구의 인구수는 70억 명이에요. 여기 사람을 만날 수 있는 지역과 그렇지 않은 곳이 표기되어 있어요.

퀴즈

사람이 가장 많은 곳은 어디인가요?

A. 평야
B. 고산 지대
C. 깊은 숲속

109

지구의 인간

많은 사람이 도시에 사는 까닭은 무엇일까요?

약 1만 년 전부터 사람들은 곡식을 경작하고 가축을 기르기 시작했어요. 그 당시에 최초의 마을이 등장했어요.

마을이 점점 커졌어요. 약 5000년 전, 근동의 메소포타미아에서 최초의 도시들이 탄생했어요. 우루크라는 도시의 인구수는 5만 명이나 됐어요.

도시는 관계를 형성하고 부를 창출했어요. 농장과는 차원이 달랐어요. 전문 직업이 등장하고 무역이 번창했어요.

함께 모여 사니 보호도 더 잘 받았어요. 군사들은 도시와 식량을 공급해 주는 주변 마을들을 보호했어요.

도시는 마침내 정치와 종교 권력의 중심지가 되었어요.

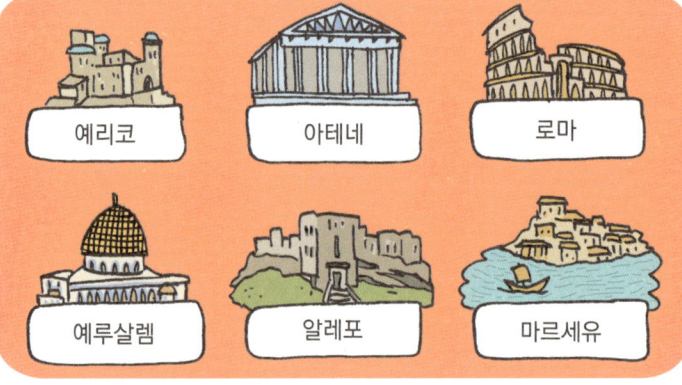

도로의 교차 지점과 강과 바닷가에 건설된 몇몇 고대 도시들은 늘 사람들이 넘쳐났어요.

19세기까지 도시는 크게 발전했어요. 더 나은 삶을 기대하며 사람들은 농촌을 떠나서 도시의 공장으로 일자리를 찾아왔어요.

도시화는 계속 진행됐어요. 그 결과 200년 동안 세계 인구의 절반이 도시에 살게 됐어요. 도시화는 여전히 진행 중이에요.

인도의 도시 뭄바이에는 2200만 명이 살고 있어요. 매일 1500명이 새롭게 유입되고 있지요.

대도시에 사는 것은 매력적인 일이에요. 일자리가 집중되어 있고, 문화를 누릴 수 있으니까요. 하지만 공해와 주거 문제는 늘 골칫거리가 됐어요.

오늘날 세계에는 인구 1000만 명이 넘는 대도시가 36개에 이르렀어요. 하지만 도시에서 3명 중 1명은 빈민촌에 살고 있어요.

가장 오래된 도시의 이름은 무엇일까요?

퀴즈

A. 우루크

B. 부주크

C. 뭄바이

지구의 인간

세계에서 가장 큰 건축물은 무엇일까요?

브르타뉴 지방에 있는 바르네네즈는 돌을 쌓아서 만든 거대한 무덤으로 7000년 전에 만들어졌어요. 유럽에서 가장 오래된 유적이에요.

기원전 3세기 세워진 알렉산드리아 등대는 높이가 135m나 되어요. 꼭대기에서 빛을 내는 등불은 1700년 동안 선원들에게 바닷길을 인도해 줬어요.

중국의 만리장성은 전 시대를 통틀어 가장 큰 건축물이에요. 그 길이가 6200km가 넘으며 아마 중세 시대에는 21000km에 달했을 것으로 추정하고 있어요.

물론 현대 기술 덕분에 기적도 만들어졌어요. 차량용 다리로 세계에서 가장 높은 미요 대교가 있지요.

하지만 인간은 겸손해야 해요. 어떤 흰개미들은 점토와 타액으로 높이가 8m에 이르는 작은 산을 만들어요. 인간을 기준으로 하면 5km에 맞먹는 높이예요.

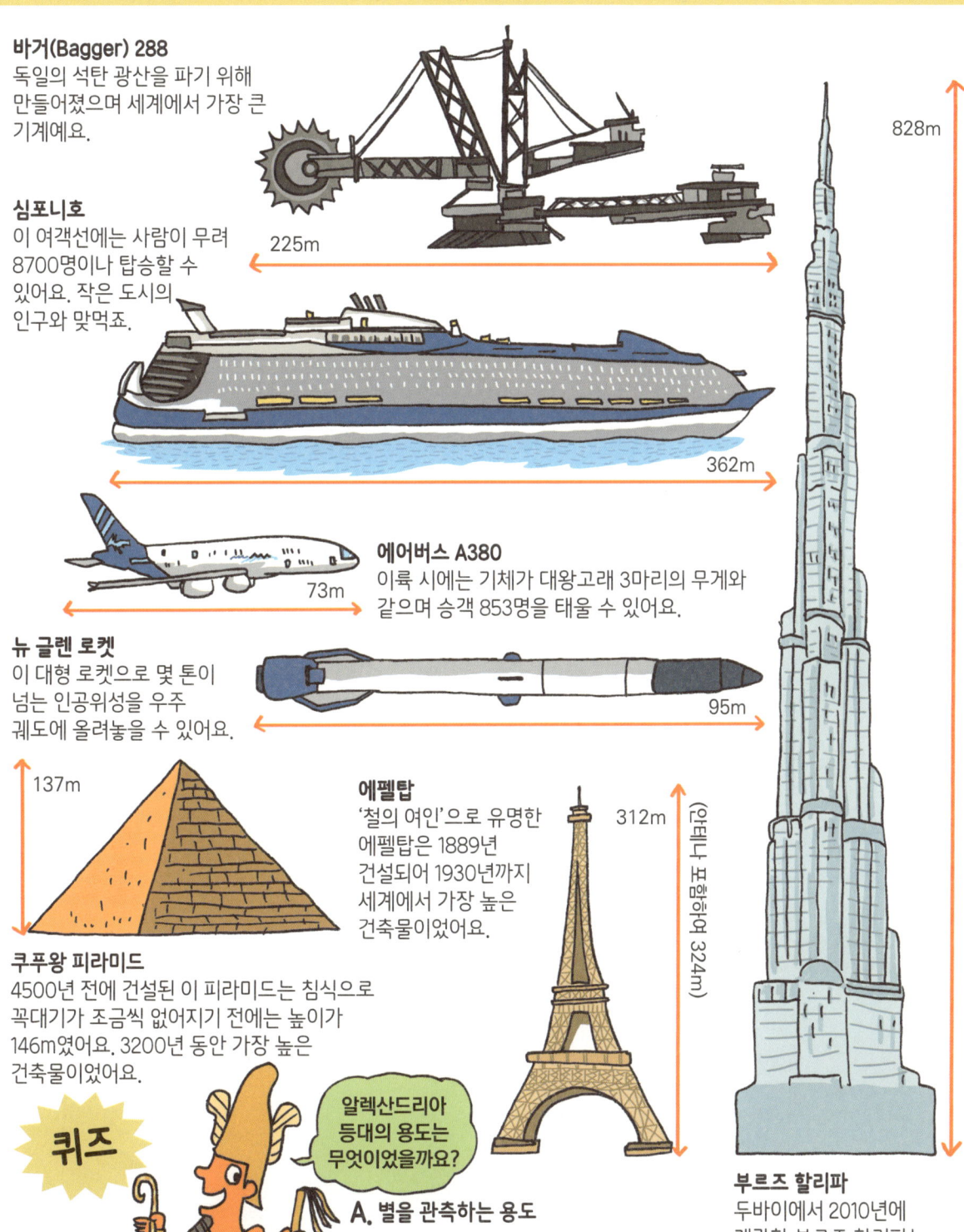

지구의 인간

우리는 모든 생물을 알고 있을까요?

모든 것을 분류하려는 열정을 지닌 인간! 고대부터 중세까지 동식물은 겉모습으로 분류되었어요.

1758년 스웨덴의 식물학자 린네는 라틴어로 매우 실용적인 분류 체계를 개발했으며, 그에 따르면 모든 생물 종은 두 개의 이름을 지녀요.

오늘날 과학자들은 생물 약 200만 종을 조사했어요. 그중 절반이 곤충으로(포유류는 6495종!) 엄청나지만, 아직 해야 할 일이 많아요.

과학자들이 추정하기를 지구에는 870만 종의 생물이 있어요. 우리는 그중 4분의 1만 알고 있어요.

열대 우림에서는 몇 제곱미터만 조사해도 지금까지 전혀 보지 못했던 작은 생명체를 발견할 수 있어요.

캐노피 탐사는 꼭대기에 설치한 뗏목 형태의 기구 덕분에 가능해요. 지금까지 알려지지 않은 동물을 발견할 수 있어요.

하지만 탐구가 필요한 가장 드넓은 영역은 바다예요. 조류, 물고기, 플랑크톤 등이 있지요. 인간은 약 30만 종의 해저 생물을 발견했지만, 아마 그보다 10배는 더 있을 거예요.

두꺼비 속(屬) 부포(Bufo)
(린네가 경쟁자 뷔퐁을 놀리려고 만든 것)

에리오빅시아 그리핀도리 거미
(《해리 포터》에 등장하는 '분류 모자'와 비슷한 모양새)

뜸북뜸북

메추라기뜸부기
(울음소리를 따서 지은 이름)

네오팔파 도널드트럼피 나방
(도널드 트럼프의 금발 머리를 떠올려서 지은 이름)

새로운 종을 발견한 사람에게 이름을 지을 권리가 있어요. 이것이 규칙이에요. 과학자들의 유머 감각을 엿볼 수 있는 오래된 이름과 새로운 이름들이 있지요.

퀴즈

모든 생명체가 모여서 이루는 것은 무엇인가요?

A. 생명 존중

B. 생물 집합성

C. 생물 다양성

하지만 어떤 생물 종도 영원하지 않아요. 수백만 년을 살았던 생물도 진화를 거치며 사라졌어요. 그리고 인간이 자연을 훼손할수록 그 현상은 더욱 가속화되지요.

지구의 인간

멸종된 종을 되살릴 수 있을까요?

도도는 모리셔스 제도에 살았던 새로 너무 많이 사냥당하여 1780년 마지막 도도가 죽으면서 멸종했어요. 그 이후로 도도는 하나의 상징이 됐어요.

도도처럼 여러 종 생물이 매년 사라지고 있어요. 종종 그들의 서식지를 파괴한 인간에게 책임이 있어요.

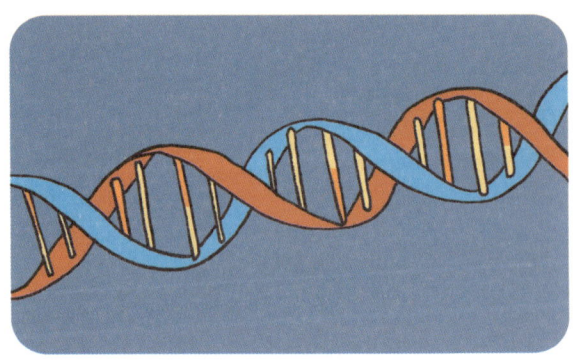

하지만 과학은 디엔에이(DNA)를 발견했어요. 두 개의 긴 가닥이 꼬인 이중나선 형태의 분자는 생물의 세포에 들어 있어요. DNA에는 코돈이 있어 '신분증' 역할을 해요.

질문 : 만약 멸종 위협을 받거나 멸종된 동물의 DNA가 있다면 다시 나타나게 할 수 있을까요?

2010년, 피레네산맥에 살던 2000년에 죽었던 최후의 암컷 야생 염소를 복제하려고 시도했어요. 복제 염소가 태어났지만 몇 분밖에 살지 못했어요. 실패였지요.

일부 과학자들은 좌절하지 않았어요. 시베리아에서 DNA가 잘 보존된 상태로 12000년 전에 냉동됐던 매머드를 발견했기 때문이에요.

많은 실험을 거치면서 과학자들은 이론적으로는 암컷 아시아코끼리에게서 매머드 새끼를 낳게 할 수 있다고 가정했어요.

이 '부활'은 1936년 동물원에서 죽었던 마지막 태즈메이니아늑대처럼 다른 종에게도 적용할 수 있어요.

하지만 기술을 통해 언젠가 가능해지더라도 많은 과학자가 반대하고 있어요. 오히려 생명체가 사라지지 않도록 노력하는 게 더 현명하지 않을까요!

그럼 공룡은 가능한가요? 공룡은 적어도 6500만 년 전에 멸종된 종이에요. DNA 흔적 없이 화석만 남아 있어요.

적어도 암탉의 배아를 공룡으로 변형시키는 데 성공한다면 가능할 수도 있지요. 하지만 아직은 공상 과학 영화에나 가능한 일이지요.

퀴즈

언젠가 부활할 수 있는 생명체는 무엇일까요?

A. 포켓몬
B. 공룡
C. 매머드

지구의 인간

사람은 언제부터 이동했을까요?

선사 시대 유목민은 계절이나 먹을 수 있는 식량에 따라 걸어서 또는 카누를 타고 이동했어요.

고대에 우리는 이미 이동을 통해 상품을 교환했을 뿐만 아니라 지식, 기술, 생각을 교류하기도 했지요.

수메르 전차 (4500년 전)
로마 전차 (2000년 전)
이륜마차 (1600년경)
쌍두마차 (1850년경)

말들아, 고마워! 아주 오랫동안 말의 힘 덕분에 사람들은 멀리 여행을 갈 수 있었어요. 하지만 여정은 길고 피곤했어요.

1825년 영국에서 최초의 기차가 소개되었어요. 시속 40km는 엄청 빠른 속도였어요. 기차의 등장과 함께 일과 여가를 위한 이동이 쉬워졌어요.

뛰! 1920년쯤 자동차는 매우 빠른 속도를 뽐내며 현대 세계의 시작을 알렸어요. 머지않아 마을들이 아스팔트 도로로 세상과 이어졌어요.

바다를 횡단하기 위해 1950년대부터 비행기가 여객선을 압도하기 시작했어요. 비행기 덕분에 인간은 전 세계를 다니는 여행객이 되었어요.

대형 컨테이너선은 세계화에 이바지했어요. 제조된 상품들은 이 대륙에서 저 대륙으로 이동했지요.

하지만, 오늘날 모든 사람이 평등하게 교통수단의 혜택을 누리지는 못해요!

선진국에 사는 사람은 하루 평균 62km를 이동하지만, 후진국에 사는 사람은 8km를 이동해요.

북아메리카에는 인구 100명당 자동차 수가 67대이지만 아프리카는 4대에 불과해요.

세계에서 10명 중 9명은 아직 비행기를 타 본 적이 없어요.

세 나라 중 한 나라에는 아직 기차가 다니지 않아요.

자전거는 세계에서 가장 널리 사용되는 교통수단이에요. 아프리카와 아시아에서는 대중 교통수단으로 이용되며 유럽의 모든 대도시에서도 이용이 급상승하고 있어요. 친환경적이기 때문이에요!

퀴즈

가장 오래된 교통수단은 무엇인가요?

A. 비행기
B. 카누
C. 자전거

지구의 인간

생태학이란 무엇인가요?

생태학(Ecology)이란 단어는 그리스어로 '집(oikos)'과 '학문(logos)'을 뜻하는 두 단어가 합쳐져 1866년에 만들어졌어요. 지구는 우리 모두에게 집과 같기 때문이죠.

처음에 생태학은 생물들 간의 관계, 생물들이 사는 '집', 생활 환경을 조사하는 학문이었어요.

19세기 중반에는 공장들이 급격히 증가했어요. 산업 혁명이 시작된 거예요.

세계 인구도 급격히 늘어났어요. 20세기에는 세계 인구의 식량 문제를 해결하기 위해 살충제를 사용하는 집약 농업이 나타났어요.

소비가 늘어나면서 만들고 사용하는 과정에서 오염도 많아졌어요.

멈춰요! 1970년대에 생물학자들은 인간이 자연을 파괴하고 있다고 경고했어요.

이때부터 생태 운동의 흐름이 일었어요. 정당과 단체들이 결집하여 지구 자원이 더 잘 관리되고 존중되어야 한다고 외쳤어요.

오늘날에는 자신만의 방법으로 친환경을 실천해요. 오염을 가능한 줄이고 지구에 해롭지 않은 것을 사용하고자 노력해요. 어린이도 할 수 있는 일이 있어요!

다음은 몇 가지 좋은 방법이에요. 여러분이 알고 있거나 이미 실천하는 것도 있겠죠?

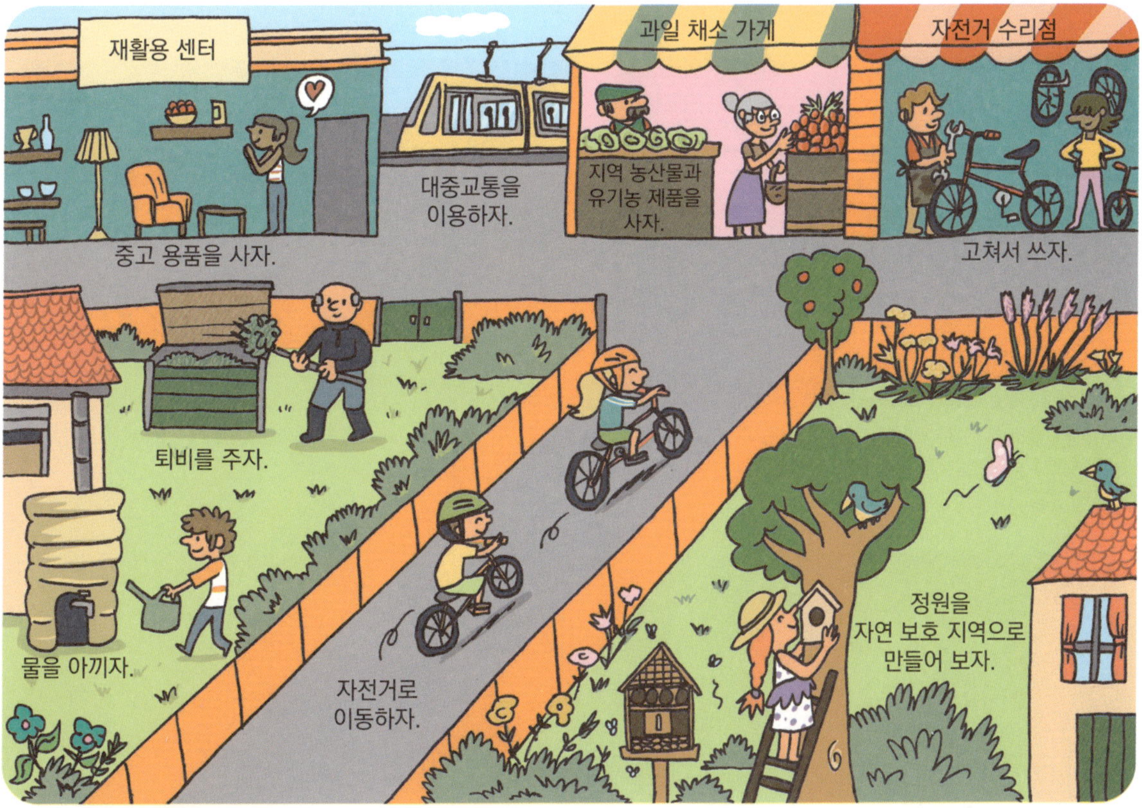

- 재활용 센터 / 중고 용품을 사자.
- 대중교통을 이용하자.
- 지역 농산물과 유기농 제품을 사자.
- 자전거 수리점 / 고쳐서 쓰자.
- 퇴비를 주자.
- 물을 아끼자.
- 자전거로 이동하자.
- 정원을 자연 보호 지역으로 만들어 보자.

그리스어에서 유래한 생태학이란 말은 어떤 뜻인가요?

A. 학교와 숙소
B. 집과 학문
C. 집과 정원

퀴즈

지구의 인간

미래에는 다른 행성에서 살게 될까요?

100년 전만 해도 달에 가거나 지구 궤도에 인공위성을 쏘아 올리는 일은 터무니없다고 생각했어요.

하지만 1969년, 미국 우주 비행사들은 3일간의 비행 끝에 달에 착륙했어요. 아폴로호의 임무는 계속 이어졌지요. 총 12명이 달에 발을 내디뎠어요.

1988년부터 남녀 우주인 220명이 고도 400km 상공에서 지구를 도는 국제 우주 정거장에 머물렀어요.

더 멀리 가 보는 건 어때요? 태양계에서는 화성만이 탐사 조건을 갖추고 있어요.

예전에는 화성에 온갖 종류의 외계 생명체가 산다고 생각했어요.

그 이후로, 호기심에 큐리오시티 같은 로봇을 보냈어요. 하지만 생명체의 흔적을 전혀 찾지 못했어요.

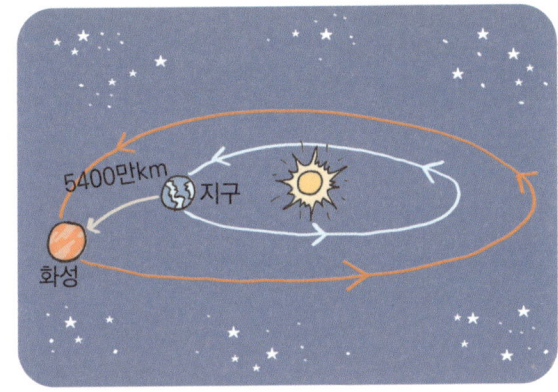

이 우주인들은 무엇을 하는 걸까요? 이곳은 붉은 행성이 아니에요. 미국 유타 사막에서 미래의 임무를 대비해 훈련하고 있어요.

달보다 화성에 가기가 훨씬 더 어려워요! 화성까지 가는 데 7개월이 걸리며, 가장 짧은 거리로 돌아오려면 500일을 화성에 머물러야 해요.

따라서 기지를 만들고 머무는 동안 발생할 수 있는 문제들(물, 식량, 에너지, 쓰레기 처리 등)도 고려해야 해요. 그뿐만 아니라, 다음 문제도 해결해야 해요.

화성에 사는 데 성공한다면? 더 멀리 가는 건 어려워요. 다음으로 탐사할 가까운 행성에 가려면 78000년 동안 비행해야 해요!

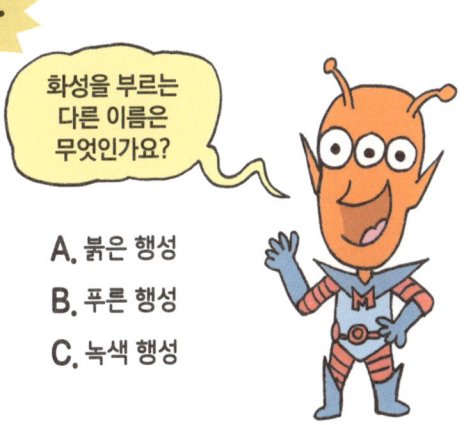

퀴즈

화성을 부르는 다른 이름은 무엇인가요?

A. 붉은 행성
B. 푸른 행성
C. 녹색 행성

퀴즈 정답

지구

1. B. 온도가 33m마다 평균 1도씩 상승해요. 깊이 1km당 30도 상승하는 셈이지요.
2. A. 지구에는 15개의 주요 판이 있고, 수십 개 작은 판들이 있어요. 하지만 가장 큰 판 7개가 전체 면적의 95%를 차지해요.
3. A와 C. 화산은 용암, 화산재, 가스와 돌, 먼지 등을 분출할 수 있어요.
4. B. 히말라야산맥은 세계에서 가장 높은 산맥으로 아시아에 있어요. 이 산맥에는 해발 8000m가 넘는 봉우리가 10개 넘게 있어요.
5. B. 백악은 퇴적암이고 대리석은 변성암이에요. 누가는 말린 과일이나 견과류를 섞어 만든 사탕이에요.
6. A. 호박은 나무의 진 따위가 땅속에 묻혀서 화석화된 거예요. 밀랍과 꿀은 화석화되지 않아요.
7. C. '침식'을 뜻하는 프랑스어는 '갉아대다'라는 뜻의 라틴어에서 유래했어요.
8. B. 부식토는 식물의 잎이나 가지, 동물의 유해 등이 잘 분해되어 갈색 또는 검은색의 비옥한 흙이에요.
9. A. 증산은 식물체 안의 수분이 수증기가 되어 공기 중으로 나오는 현상을 말해요. 분무는 물이나 약품 따위를 안개처럼 뿜어내는 거예요.
10. C. 달의 인력이 바닷물을 끌어당겨 달을 향해 있는 해수면 쪽이 올라가요.
11. B. 생태계는 생물군 전체를 일컫는 말이고 반구는 구의 절반을 이야기해요.
12. B. 천운은 구름이 아니라 하늘이 정한 운명을 말해요.
13. A. 돌풍은 갑자기 세게 부는 바람을 뜻해요.
14. C. 소행성은 행성보다 작은, 태양 주위를 공전하는 천체. 운석은 지구상에 떨어진 별똥이에요.
15. B. 잠망경은 잠수함에서 사용하는 도구이며 색안경은 색깔이 있는 렌즈를 낀 안경이에요.

식물의 비밀

1. B. 버섯은 식물도 동물도 아니에요. 버섯은 곰팡이와 함께 균류라는 다른 생물군에 속해요.
2. A. 혼합성은 뒤섞여져 한데 합쳐진 성질이고, 감광성은 빛의 세기가 자극이 되어 식물 기관이 오므라지거나 굽거나 펼쳐지는 성질을 말해요.
3. A. 나무는 잎을 모두 떨어뜨리고 최소한의 에너지로 겨울을 날 준비를 해요.
4. C. 서식 환경에 잘 적응한 식물은 원하는 곳에서 잘 자라요.
5. C. 식물의 바늘이나 가시에 찔리면 소독해야 해요!
6. B. 꽃은 향기로 곤충이나 동물을 유인해서 그들이 꽃가루를 묻혀 옮겨 가게 해요.
7. B. 만약 거대한 데이지를 발견한다면 소중히 보관해요. 왜냐하면 거대한 데이지는 존재하지 않으니까요.
8. A. 곤충의 질소와 인 덕분에 식충 식물은 영양분을 보충할 수 있어요.
9. B. 나무의 새로운 세포는 나무 몸체 바깥쪽 고리에 있는 형성층에서 만들어지거든요.
10. C. 껍질로 보호되는 씨앗은 가끔 수백 년이 지나서 발아하기도 해요.
11. C. 다육 식물은 잎과 줄기에 '즙'이라고 부르는 수분을 많이 저장하고 있어요.
12. A. 균사체는 버섯의 주요 부위로 땅속에 묻혀 있어서 잘 보이지 않아요.
13. B와 C. 땅에 내린 뿌리 덕분에 식물은 바람을 잘 견뎌내요. 그리고 아주 작은 뿌리털로 물과 무기 염분을 흡수하지요. 후루룩!
14. C. 독초는 뿌리, 잎, 열매 등에 독이 들어 있어 먹으면 중독되고 몸에 닿으면 살갗에 염증이 생기는 독이 들어 있는 풀이에요.
15. B. 곡식은 경작을 통해 씨앗의 형태로 수확하는 식물이에요. 토마토는 과일이기 때문에 주로 과육을 먹지요.

동물의 세계

1. A. 동물 세포는 어류나 공룡보다 먼저 나타났어요.
2. B. 갈매기는 조류로 공룡의 후손이에요.
3. A. 늑대는 모든 개의 조상이에요.
4. B. 암컷 모기는 산란 전에 피를 빨아먹어야 해요. 그러므로 물린 자국이 6개라면 암컷 6마리에게 물렸다는 뜻이에요.
5. C. 진흙은 돼지들의 자외선 차단제예요.
6. B. 얼룩말은 무늬가 각각 달라요.
7. C. 자절(Autotomy)은 그리스어에서 유래한 단어로 '자기(auto)'와 '절단(tome)'이라는 두 단어가 합쳐져 만들어졌어요.
8. B. 대벌레는 아직 조약돌이나 숲에 버려진 낡은 신발로 위장하는 법을 찾지 못했어요.
9. B. 만약 슈퍼마켓이 집이라고 생각해 봐요. 먹거리를 사기 위해 서두를 필요가 없겠죠.
10. A와 C. 철새들은 주변 풍경에서 보이는 시각적 지표와 바람에 실려 오는 냄새를 맡고 위치를 확인해요.
11. C. 고래와 새는 소리가 연속되면서 만드는 부분을 기억해요. 매미는 자신의 배에 진동을 일으켜서 맴맴맴 하고 항상 같은 소리를 내요.
12. C. 늑대는 가끔 마을에 모습을 나타내요. 황제펭귄은 늘 빙산에 머물고 판다도 대나무 숲에 살지요.
13. B. 고양이는 시골이나 마당에서 자신의 영역을 방어해서 지키고 이곳저곳 방랑하지 않아요. 고양이는 게으르지도 않아요. 다만 며칠 동안은 그럴 수 있죠.
14. A. 코끼리의 귀는 매우 커서 귀의 혈액 순환을 통해 몸의 열기를 낮춰요.
15. B. 아시아 말벌은 양봉업자에게 악몽 같은 존재예요. 말은 오래전부터 늘 함께했던 동물이에요. 혹시 유럽에서 야생 타조 무리를 본 사람이 있나요?

지구의 인간

1. A. 다른 포유류처럼 인간도 털이 있고 따뜻한 혈액이 흐르며 아기에게 젖을 먹여요.
2. B. 700만 년 동안 수십만 세대가 이어지면서 인간과 원숭이의 여러 종이 생겨났어요.
3. C. 털 대부분은 눈에 잘 보이지만, 인간은 최소 400만 개의 털을 가지고 있어요.
4. A. 인도·유럽 어족은 세계에서 가장 많이 사용되는 어족으로 오늘날 이 어족에 속하는 언어를 사용하는 사람의 수는 30억 명이나 돼요.
5. C. 현대 세계와 접촉하지 않는 민족이 있어요. 사라지거나 방황하는 민족은 없지요. 그들은 모두 자신들이 사는 지역을 잘 알아요.
6. A. 100세 이상 110세 미만은 백세인, 110세 이상 산 사람들을 초백세인이라 구분해요.
7. C. 숨쉬기를 멈추는 시도는 위험해요. 30초 만에 방 정리하기는 누구나 할 수 있어요. 안 그래요?
8. A. 강 가까이에 있는 평야는 인간들이 가장 좋아하는 장소였고, 늘 사람이 많이 살았어요.
9. A. 인류 최초의 도시 우루크는 19세기 고고학자들이 수메르의 고대 도시들을 발굴하는 과정에서 발견되었어요.
10. C. 고대의 가장 멋진 등대였던 알렉산드리아 등대는 1303년 지진으로 파손되기 전까지 계속 사용되었어요.
11. C. 생물 다양성은 지구의 살아 있는 조직과 같아요.
12. C. 매머드는 공룡과 달리 DNA가 보존되어 있어서 새로운 매머드 종을 다시 만들어낼 수 있다고 기대하고 있어요.
13. B. 최초의 소형 보트는 나뭇조각을 엮어서 만든 뗏목이나 나무 몸통을 파서 만든 카누였어요.
14. B. 생태학의 어원을 다시 떠올리면서 인간이 사는 집인 지구를 잘 돌봐야 해요.
15. A. 화성은 산화철로 이루어진 토양 때문에 붉은색을 띠어요. 화성은 녹이 슨 행성이라고 할 수 있죠.

단어풀이

지진파 : 지진이나 인공적 폭발 때문에 생기는 탄성파.

쥘 베른 : 프랑스의 소설가(1828~1905)로, 근대 공상 과학 소설의 선구자로 인정받음. 작품에 《해저 2만 리》, 《80일간의 세계 일주》 등이 있음.

알프레트 베게너 : 독일의 기상학자이자 지구 물리학자(1880~1930)로, 대륙 이동설을 발표했음.

수증기 : 기체 상태로 되어 있는 물.

용암 : 화산의 분화구에서 분출된 마그마. 또는 그것이 식어 굳어진 암석.

이구아노돈 : 중생대 백악기에 번성한 초식 공룡.

침식 : 비, 하천, 빙하, 바람 따위의 자연 현상이 지표를 깎는 일.

유기체 : 생물처럼 물질이 유기적으로 구성되어 생활 기능을 가지게 된 조직체.

인력 : 끌힘. 공간적으로 떨어져 있는 물체끼리 서로 끌어당기는 힘.

통킹만 : 베트남 북부, 중국의 레이저우반도(雷州半島)와 하이난섬에 둘러싸인 만. 교통 요충지이며 수산 자원이 많음.

펀디만 : 캐나다의 노바스코샤주와 뉴브런즈윅주 사이에 있는 만. 만조 때 수위가 높아 위험한 조류로 유명함.

만조 : 밀물이 밀려와 해수면이 가장 높은 때.

간조 : 썰물이 밀려가 해수면이 가장 낮은 때.

몽생미셸만 : 프랑스 서부 망슈주 남서부 몽생미셸섬에 있는 만.

구와(Gois) 제방길 : 프랑스 대서양 연안의 느와무티에섬과 내륙을 연결하는 길로서 만조로 인해 하루에 두 번 침수되는 길.

조류(藻類) : 말무리. 물속에 살면서 광합성 작용을 통해 살아가는 하등 은화식물의 한 무리.

사피어-심프슨 허리케인 등급(SSHS) : 지속적인 바람의 세기에 따라 열대성 저기압, 열대폭풍을 분류하는 기준. 1969년에 토목공학자 허버트 사피어와 미국의 국립 허리케인 센터 관장, 밥 심프슨이 함께 만듦.

엽록소 : 빛 에너지를 유기 화합물 합성을 통해 화학 에너지로 전환시키는 녹색 색소. 광합성에 가장 중요한 요소로, 빛에서 에너지를 흡수하며 이산화탄소를 탄수화물로 바꿈.

떨켜 : 낙엽이 질 무렵 잎자루와 가지가 붙은 곳에 생기는 특수한 세포층.

꽃가루받이 : 수분. 종자식물에서 수술의 꽃가루가 암술머리에 옮겨 붙는 일.

포름산 : 폼산. 자극적인 냄새가 나는 무색의 산성 액체. 개미나 벌 따위의 체내에 들어 있음.

자가 수정 : 동일한 유전자를 가진 꽃의 꽃가루가 스스로 암술머리에 수정되는 것.

찰스 다윈 : 영국의 생물학자(1809~1882)로, 남반구를 탐사하여 수집한 화석과 생물을 연구하여 생물의 진화를 주장하고, 1858년에 자연 선택에 의하여 새로운 종이 기원한다는 자연 선택설을 발표함. 저서에 《종(種)의 기원》, 《가축 및 재배 식물의 변이》 따위가 있음.

포자 : 홀씨. 식물이 무성 생식을 하기 위해 형성하는 생식 세포. 보통 단세포로 단독 발아를 하여 새 세대 또는 새 개체가 됨.

뿌리털 : 식물의 뿌리 끝에 실처럼 길고 부드럽게 나온 가는 털.

생장점: 식물의 줄기나 뿌리 끝에 있으며 생장을 현저하게 하고 있는 부분.

땅속줄기: 땅속에 있는 식물의 줄기.

공기뿌리: 식물의 땅위줄기와 땅속에 있는 뿌리에서 나와 공기 가운데 노출되어 있는 뿌리. 기능에 따라 지지뿌리, 부착뿌리, 흡수뿌리, 호흡뿌리 따위로 나눔.

박테리아: 세균. 생물체 가운데 가장 미세하고 가장 하등에 속하는 단세포 생활체. 다른 생물체에 기생해 병을 일으키기도 하고 발효나 부패 작용을 하기도 하여 생태계의 물질 순환에 중요한 역할을 함.

목양견: 콜리, 셰틀랜드양몰이개처럼 목장에서 양을 지키고, 밤이 되면 집으로 몰아가도록 훈련된 개.

사역견: 충실함과 뛰어난 지능, 후각, 청각, 힘과 지구력 따위를 이용하여 인간이 부리는 개.

자절: 일부 동물이 위기를 벗어나기 위하여 몸의 일부를 스스로 끊는 일. 도마뱀은 꼬리, 게나 여치 따위는 다리를 끊는데 그 부분은 쉽게 재생됨.

성체: 다 자라서 생식 능력이 있는 동물. 또는 그런 몸.

지피에스(GPS): 인공위성을 이용해 자신의 위치를 정확히 알아낼 수 있는 시스템.

자철석: 철광석 중의 하나로 주성분이 산화철이기 때문에 자성(磁性)이 강한 산화 광물. 검은색을 띠며 금속광택이 있음.

수중 청음기: 물속에서 나는 소리를 듣기 위한 기계.

영역: 활동, 기능, 효과, 관심 따위가 미치는 일정한 범위.

외래종: 다른 나라에서 들어온 씨나 품종.

고어: 옛말. 오늘날은 쓰지 아니하는 옛날의 말.

어족: 계통상 하나로 묶이는 언어의 종족. 인도·유럽 어족, 알타이 어족, 셈 어족 따위가 있음.

근동: 유럽의 관점에서, 유럽과 가장 가까운 아시아의 서쪽 지역을 이르는 말.

칼 폰 린네: 스웨덴의 박물학자·식물학자(1707~1778)로, 저서 《자연의 분류》에서 생물의 학명을 속명과 종명으로 나타내는 이명법(二名法)을 창안해 현대 생물 분류학의 기초를 확립함.

캐노피: 수십 미터 높이의 열대 우림 나무들 윗부분에 나뭇가지와 나뭇잎이 뒤엉키면서 만들어진 두꺼운 층.

디엔에이(DNA): '디옥시리보핵산'의 준말로, 우리 몸의 정보를 담고 있는 유전 물질. 아데닌, 구아닌, 사이토신, 티민의 4종의 염기로 이루어져 있고, 그 배열 순서에 유전 정보가 들어 있어 그 정보에 해당하는 단백질을 만듦.

코돈: 디엔에이(DNA)에서 전사된 메신저 아르엔에이(RNA)의 3염기 조합, 즉 mRNA의 유전 부호의 기본 단위를 말하는데, 이것에 의하여 세포 내에서 합성되는 아미노산의 종류가 결정됨.

산업 혁명: 18세기 후반부터 약 100년 동안 유럽에서 일어난 생산 기술과 그에 따른 사회 조직의 큰 변화. 영국에서 일어난 방적 기계의 개량이 발단이 되어 1760~1840년에 유럽 여러 나라에서 계속 일어남. 수공업적 작업장이 기계 설비에 의한 큰 공장으로 전환되었는데, 이 때문에 자본주의 경제가 확립됨.

집약 농업: 일정한 토지 면적에 많은 자본과 노동력을 집중적으로 투자해 토지 이용성을 극대화하는 농업.